星の道を歩き、白魔女になるまで

～わたしの「物語」を見つけると人は癒される～

アストロロジー・
ライター

Saya

説話社

まえがき

アストロロジー・ライターのＳａｙａとして、自分で占って原稿も書くスタイルで仕事を始めて、もう十三年になります。スピリチュアルな分野の取材も経験し、最近では蘭のフラワーエッセンスやセラピューティック エナジーキネシオロジーの資格も取得。占星術のセッションに取り入れているので、だんだん魔女のようになってきたなあと自分でもおかしくなります。

もともとは東京郊外のサラリーマン家庭の出身。自動車メーカーに勤めていた父は都心に通い、母は専業主婦。三人姉妹の長女で、絵に描いたような昭和を生きていた気がします。初詣も行かなければ、お寺もお彼岸と法事だけ。スピリチュアルとも星とも無縁のカルチャーで育ちました。子どもの頃、世田谷からこの地に疎開したという母いわく、その昔、実家のあたりは、『となりのトトロ』そのままの武蔵野の雑木林や畑が広がっていたそうです。横田基地にかかる自治体だったので、飛行場が作れるほど平らな、広い大地。子どもの足でも三十分も歩くと夕陽の沈む小高い丘陵があり、麓には多摩川がゆったりと流れていました。通っていた小学校の窓からは富士山が小さく見えていて、基地のゲートがないこともあり、本当に平和な子ども時代でした。

ただ、私と同世代の地元の子どもたちは、急激な宅地開発で自然がなくなっていくのと比例するように、とても荒れていました。戦後、物質的な豊かさを追い求める中で日本人がなくしたもの、自然への憧憬や神仏への崇拝といった素直な日本人らしさを知らないまま、私も大人になってしまった気がします。小人やドラゴンが出てくるようなファンタジーは大好きでしたが、それ以外の面ではとても現実的で、朝日新聞の社会欄を読み込むような子どもでした。

学生時代は海外への憧れの強い時代にシンクロして、ヨーロッパへと目が向き、その憧れのまま、インテリアやライフスタイル分野の雑誌編集者となりました。星占いは、雑誌のうしろにある占いをちらりと見るくらい。読んでもすぐ忘れてしまうのが常でしたから、まさか自分が星占いを書く人になるとは、今でも不思議で仕方がないのです。

そんな私が占星術に出会ったのは1999年の月食の晩。ある占星術家の方と東京・青山のユニマットビルの屋上、プールのあるレストランでお目にかかったことが始まりでした。今では占星術界の重鎮と言ってもいいほど著名なその方も、当時は大学の研究者のような素朴な風貌で、初めて一般向けに書きおろす本の出版を年末に控えていました。テーブルにはその本の担当編集者と仕事仲間のカメラマンと27歳の私。選りすぐりの赤ワインとともに、「土星回帰がこれからなんだね」「月の星座は何？」などと年上の男性たちに意味ありげに言われるという夜を経て、星と恋に落ちてしまったのでした。月食で人生が変えられてしまう例だと思います。

当時の私は、名前を聞けば、全国誰もが知っているような流通系出版社に在籍していました。趣味的なライフスタイルとハンドメイドの雑誌、スタイリッシュな海外提携誌などを経験したあとで一度、ドメスティックな雑誌づくりを見てみたかったのです。頭でっかちに福利厚生なども考えて、その会社で社員になるつもりでしたが、魂はそれでは嫌だと叫んでいたのかもしれません。月食の晩のあとは会社帰りに銀座の書店の占いコーナーに通い詰め、全制覇するくらいの勢いで読みあさるようになりました。

今思うと、幼い頃からスピリチュアリティの部分ではずっと飢えていたうえに、合わない会社員生活も手伝い、魂が自分にがっかりしていたのだと思います。乾いた土に水が染み込むように、占星術の世界観を吸収していきました。以来、本当にたくさんのシンクロニシティ（意味のある偶然）に導かれ、星の人となってしまったのでした。

今回、説話社の高木利幸さんから、「初心者向けの占星術の本を」というお話をいただいて、ふっとひらめいたのが昭和の物質的価値観で育った私がなぜ魔女のようになったのかを書いたら、幅広い層に占星術の世界観を理解してもらうことにつながるのではないかということ。私の視点にはスピリチュアルな世界の探求による影響もかなりあるので、そういったことも書いて、新しい風の時代を生きるためのヒントにしてもらえたらと思ったのです。

魔女は魔女でも、他者を思いどおりに支配しようとするのは黒魔術ですから、自分の運を下げてしまいます。おまじないやお願いごとも、やりすぎるのは禁物です。ここで言うのは白魔術。他者は関係ない。自分をいつもきれいな状態にして、星のフローに乗っていける人になることです。だから、白魔女なのですね。

白魔女の定義は、他者に依存したり、コントロールしたりしない。身体を気遣って健康に保ち、精神やエネルギーを浄化して、星のよい波動に乗れる人になる。何者かになろうともしないし、自分はすごいのだと誇示することもしない。ただ自分の太陽を生きるうちに、それがいつしか土星の本質として育ち、大きな木のように成長していける。すると、たくさんのよいことや魅力的な人が周りにやってくる。そんな自然な状態の自分になることです。占星術の難しい知識や歴史、テクニックは知らなくても大丈夫なので、安心してくださいね。

物質がすべてという価値観の人から見ると、本当なのだろうかと思うようなことも、この本にはたくさん書いてあると思います。でも、すべて私が経験した本当のことです。土の時代から風の時代へと切り替わるこのタイミングで、こうした世界があるのだという気づきにつながり、意識をひらくお手伝いができたら、こんなにうれしいことはありません。そして、これはあくまでも私が自分の元型となる物語を見つけける中で癒されてきた「わたしの物語」です。あなたにはあなたの「わたしの物語」がある。それを見つけようと思ってもらえたらと願っています。

アストロロジー・ライター　Ｓａｙａ

白魔女十か条

一　他者を支配しようとしない

一　食べ物や睡眠に気を配る

一　月と星のリズムで暮らす

一　占星術の世界観という眼鏡を手に入れる

一　方向性は、ハートで決める
一　先祖や魂について知る
一　エネルギーの世界を理解する
一　自然療法に親しむ
一　自分の太陽を生きる
一　自分の中の星を育てる

Contents

序章

Sayaになるまでのこと

合わない大学時代に育った思い

本章に入る前に、私のことを少しお話しさせてください。

私の中学時代、生まれ育った東京の多摩地域では、いわゆるヤンキー文化の全盛期。一方、私は小学生ですでにミニチュアやジュモーのアンティークドールの本を飽かずに眺める風変わりな子どもでした。思春期になっても、『ロード・オブ・ザ・リング』の原作、『指輪物語』や『ナルニア国物語』のファンタジーの世界に心遊ばせていました。『junie』『mc Sister』、創刊したての『Olive』などティーン向けのファッション誌にも夢中でしたが、そんな私は地元ではかなり異質で、周囲から浮いていました。

「もっと自分に合う人たちと出会いたい」。それが中学から高校にかけてのひそかな願い。早稲田大学に進んだのもそのためだったのですが、インターネットもない時代です。大学のことがわからないまま選んだ学科の授業がつまらないうえ、今ではあり得ないのですが、「早稲田の女子学生は女性にあらず」という扱い。渋谷の文化村に当時あった丸善でアルバイトをしたり、成人式の代わりにヨーロッパ旅行に行かせてもらったり、いい思い出もありますが、大学自体はさほどおもしろいとは思えなかったのですね。当時の東京はフランス文化全盛だったので、大学の講義より、文化村でもらえるフランス映画や美術展のチケットのほうがありがたく、週に数回はアルバイトに入っていました。でも、この退屈な時代が「好きなことをして生きていきたい」という強い思いを抱かせてくれました。

少女の夢を叶えて、『私の部屋』の編集部へ

大学三年でバブル景気が弾け、四年になって就職活動をしようにも、四年制大学の女子学生の就職には暗雲が立ち込めていました。それでも同じ学科の優秀な女子学生たちは、総合商社の一般職として、次々に内定を勝ち取っていきます。でも、それはお嫁さんコース。明るく美しく、性格もよく、頭もいい。のちに夫の海外駐在についていったようなタイプも同級生には多いのですが、私は生まれたときのホロスコープでみずがめ座に火星があるせいか、伝統的な結婚にはあまり興味がありませんでしたし、彼女たちのように生きていくのは難しい気がしていました。好きな仕事をしたいという気持ちは

ぼんやりあるのですが、バブルが弾けた社会の状況もありますし、そもそも実力もないので、どうもからまわりしてうまくいかない。秋になっても内定がもらえず、大学に求人票が来ていた三井物産の子会社に事務職として入るかというときに、朝日新聞の求人欄で、『私の部屋』編集部の中途採用の募集を見つけたのです（エージェントまかせでないのが時代です）。

『私の部屋』は、小学校低学年で母が買ってきたミニチュア特集号にひと目ぼれして以来、何度となく読み返した、少女時代の自分にとってバイブルのような雑誌。その昔は内藤ルネさんや長沢節さんが連載をしていたような夢のあるものでした。募集がハンドメイドのムックだったのも手伝い、思い切って応募しました。実は、アルバイト先の文化村丸善でフランスの手づくり雑誌、『マリクレール・イデー』に出会って感動し、創刊号からコレクションしていたのです。「あんな雑誌が作りたい」と書いて送ったところ、編集長も同じ思いだったそうで、会ってくれることになりました。

三十年近く前のことでも鮮明に覚えていますが、文京区・湯島にあった婦人生活社のラウンジに現れたのは、１９７０年代に流行したような三つ編みソバージュに真っ赤なベルベット素材のワンピースの女性。大橋歩さんのイラストから抜け出てきたようでした。「もともとスタイリストをしていたから、アンアンの創刊のときには私がスタイリストを紹介したのよ」などと話してくれ、雑誌の歴史を生きている人でした。のちに知ることになるのですが、１９８０年代にシャーリー・マクレーンの著書を紹介するほど、スピリチュアルな志向を持っていました。

思い出深いのは二回目の面接。小さな会社なので、もう社長面接だったのですが、血液型と星座を聞かれ、「おとめ座のA型」と答えると、ふたりが顔を見合わせて、「やっぱりね」と笑います。この会社では歴代の女性編集長がみんなおとめ座のA型だと言うのです。あとになって、婦人誌系の会社ではやはりおとめ座の編集者によく出会いました。大手マスコミと違い、コツコツものづくりをする婦人誌の姿勢がおとめ座ときっと通じるのでしょう。でも、この当時の私は、星占いにそれほど関心もなく、偏差値社会に生きてきて、がちがちに頭でっかちでしたから、「変なところに来ちゃったかな」という思いが脳裏をよぎったのは言うまでもありません。私の生まれたときのホロスコープではアセンダント（自分自身のペルソナやセルフイメージを表すポイント）にトランジット（通過）の冥王星が近づいていました。魂にとっては変容の旅の始まりだったのだと思います。

太陽期に入るとともに、自立を目指す

『私の部屋』時代は、ほぼ終電で帰宅する毎日。三井物産の子会社にでも行っていれば、きれいな服を着て、秘書などしていたのかもしれません。私のいた学科の同級生はふたりも三井物産の本社に入っていて、しかも両方とも私と同じおとめ座のA型。秘書もおとめ座らしい職業ですから、その道もあったのでしょう（私の生まれたときのホロスコープでは1ハウスの海王星が効いていて、注意欠陥気味。事務能力がまったくないので、秘書としての出来は悪かったと思いますが）。でも、私は編集という職業を選び、企画から撮影のスタイリング、原稿書きまですべて編集者がこなす昔ながらの編集部で、人生で初めてというくらい、ひたすらにがんばることになりました。見る見るぼろぼろになっていく長女に、「女の子がひとり暮らしなんて絶対ダメだ」と言っていた父も許さざるを得ず、二年目の夏のボーナスをもらうタイミングで家を出て、西荻窪でひとり暮らしを始めました。深夜の中央線を乗りすごして、時には大月まで行っていたような私の身体を心配してくれたのだと思います。あれほどおしゃれが好きだったのも忘れて、スタイリストバッグを肩にジーンズ姿で走りまわっていました。よく覚えているの

は、西武百貨店の広告などを担当していた敏腕アートディレクターの「あなたの外側はふわふわと柔らかいけど、中身は2Hの鉛筆だね」という言葉。まだメールなどない時代。デザインの受け取りに、表参道のデザイン事務所と湯島の編集部を日に何度も往復する。そんな私への「芯は硬く、しっかりしているんだから、がんばれ」というエールだったと受け止めています。

撮影が終わっても当時はフィルムですから、写真を切り出し、最終コンテを書いて、デザイナーに発注する。紙のレイアウトが上がってきたら原稿を書く。信じられないことに私が入社したときの原稿はまだ手書き。のちに社長に交渉してワープロは入れてもらいましたが、校正もとてもていねいですから、やってもやっても終わらない。ハードな日々の中で怒られてばかりでも、小さな頃から憧れていた人たちとの出会い。不器用で、勉強しか取り柄のなかった私にもできることがあったという喜びで、毎日はあっという間に過ぎていきました。周囲は、美大や芸大、文化服装学院などの出身者ばかりで、コンプレックスもありましたが、それ以上に、自分らしくいられる環境が心地よく、人生で初めて、「人生の主人公でいられる感覚」を味わえたのもこの時代でした。パウロ・コエーリョの『アルケミスト― 夢を旅した少年』(角川書店)、パトリス・ジュリアンさんの『物語の主人公になる方法』(にじゅうに)などを読んでは、人生をどう生きたいだろうかと未来に思いを馳せていました。

初めはギョッとした面接での占いへの言及ですが、みんなが100パーセントの力で生きていると、太陽星座だけの雑誌の星占いもよく当たります。当時の『私の部屋』は、ガーデニングの隔月誌とハンドメイドのムックに分かれていたのですが、そのどちらの編集長もおとめ座のA型。ガーデニング雑誌に配属された同期もおとめ座。今考えると、ガーデニングもハンドメイドもおとめ座マターですから、みんな自分の気持ちに正直に生きて、心のままにやりたいことをやっていたわけです。雑誌の星占い特集をまわし読みするのも楽しかったのを思い出します。

ただ25歳になった頃、占星術の惑星期という考え方で太陽の力が強くなると、それまで金星の力が強い時代は好きなことだけで満足だったのが急に「自立」を考え始めました。自分の意思で立ち、ひとりでも生きていけるような経済力をつけたくなったのです。

この頃は、転職エージェントがまだ発達していませんから、向かったのはまた朝日新聞の求人欄です。当時、出ていた募集でよさそうだったのは、ベネッセ・コーポレーションと日経新聞系列の出版社でした。ベネッセは書類選考で落ちましたが、日経新聞のほうでは面接に進み、海外提携誌の編集部に採用されました。

あとでわかったのですが、このときの選考理由も、「マーサ・スチュワートのような雑誌が作りたい」という作文にあったようです。海外提携のライフスタイル誌だったので、当時、洋書店でよく見かけていたアメリカのライフコーディネーター、マーサ・スチュワートについて書いたのでした（インサイダー取引で彼女の評判が悪くなったのは、ずっとあとの話です）。

これもたまたまですが、『私の部屋』のムックで担当していたステンシルの作家さんが編集長と懇意で、新しい雑誌で連載をすることになっていたことも採用のあと押しに。当時、『AERA』に取り上げられるほど話題になり、出版界でも大きなプロジェクトだった割にはご縁だけで決まったような気がしたものでした。最初の会社は、「おとめ座のA型」と「マリクレール・イデー」。次の会社は、「ステンシル」と「マーサ・スチュワート」。バブルが弾けて数年経っているとは言え、この頃の雑誌業界はまだまだ牧歌的で、ゆとりがあったのかもしれません。

余談ながら、この雑誌では0学の山本令菜さんが連載を持ち、編集長は0学にもとづいて打ち合わせ日なども決めていました。入院している先生のところにお見舞いに行ったとき、生年月日を聞かれてお答えしたら、「あなたは占い師に向いているわよ」と言われたのもよい思い出です。この頃は、ほかに手相見の日笠雅水さんにも見ていただきました。私は左右の手相が違い、右手はマスカケと言われるお転婆な相なので、日笠さんには「自分で編プロを作って社長になり、カメラマンやイラストレーターを雇い入れなさい」と言われたものです。のちのち会社は辞めて、ずっと個人事業主として仕事をしているわけですから、手相占いはある意味、当たったとも言えますね。当時の占いブームも手伝って、私の中にたくさんの占いの道への種が蒔かれた時代でした。

悩みに悩んだ土星回帰の頃

「ステンシル」と「マーサ・スチュワート」。ふたつのキーワードで、25歳で転職した海外提携誌。雑誌の内容はおもしろく、やり甲斐もあったのですが、残念なことに新聞系の正社員に対し、流通系の契約編集長という寄せ集め所帯だったことから、部内のカルチャーが違いすぎて空中分解に。このままでは先がない気がして、幸い契約社員だったことから、一年でリセット（雑誌のほうも、私が辞めてそれほど経たないうちに廃刊になりました）。六週間ほどイギリスに滞在してから、次の仕事を探しました。27歳になっていたので、今度は福利厚生や正社員になれる可能性を考えて、流通系の中規模の出版社に入ったのです。

これまで海外にばかり目を向けていたけれど、日本の雑誌づくりとは結局何なんだろう、そんなふうに考えたのもありました。ファッションと違い、ライフスタイルではただ海外のものを持ってきても読者の心には響かないからです。海外の雑誌のスタイリングを真似て撮影をするようなやり方も、海外の写真を持ってきて、そのまま使うようなやり方も違うように思えてなりませんでした。それは今、占星術に関わっていても同様で、基本は踏まえながらも海外の真似ごとではない、自分たちのライフスタイルに合う占星術を提案したいという思いがあります。

収納アイデアを提案したり、全国を飛びまわってインテリア実例や家具メーカーを取材したり。次の会社でも随分、好きにさせてもらったのですが、頭で選んだ会社では魂が我慢できないのですね。自分をだましだまし続けていたものの、五年目でギブアップ。32歳でフリーランスになりました。

この会社に在籍中のほとんどは、生まれたときのホロスコープの土星にトランジットの土星が回帰する土星回帰と重なったので、悶々としていた気がします。土星回帰は、誰でも28歳から31歳くらいで経験するもの。「社会の求める大人」になっていくのか、自分の心に正直に生きるのか、選択を迫られるタイミングなのですね。個人セッションでも、土星回帰中の方とはたくさんお話ししましたが、多くの人がうつうつとした日々を過ごしているものです。

同時に、いくらボーナスや残業代、お休みがきちんともらえる会社でも、心に喜びがなければ続けられないことがわかりました。大学時代はブランドで選んではいけないこと、お嫁さんコースは向かないこと。最初の会社では精神が満たされても物質面が不足しては、それも長くは続かないこと。次の会社では理想だけでも能力がついていかないこと。最後の会社では物質を最優先にして選んではいけないこと。やってみないとわからないのもどうかとは思いますが、20代は、失敗の中で多くを学ぶ時代でした。今となってはそれが財産となっていますが、「雑誌を作る仕事」という一本の筋は見えていても、振り返ると若いゆえに無茶ばかりで、周囲の大人たちがよく見守ってくれたものだなあと感謝の思いが湧いてきます。

この時代は収穫も。第一章でお話ししますが、占星術との出会いは、この会社に在籍中のことでした。星に出会えたときにあそこまでのめり込んだのも、土星回帰でうつうつとしていたから。またも大学時代と同じように一般的によいとされる道を頭で選び、失敗してしまったという若干の後悔はありましたが、そうやって時にブレながらも、最終的には自分の道を見つけていくのが私のパターンのようです。生まれたときのホロスコープでは柔軟星座に七天体もあり、それらがTスクエアといわれるやじろべえのようなアスペクトを作っているため、絶対にこうとは思いきれず、揺れながら動きながら、道を見つけていくのですね。

　退社することになったとき、私の心にあったのは、精神性と物質のバランスを取りたい。ただ商品スペックを整理するのではなく、人の心に届くページを作りたいという思い。「世間がいいという生き方」ではなく、「個人が幸せになる生き方」を探りたいとも考えていました。ライフスタイルという専門分野はありましたが、大好きな星への思いと編集技術。フリーランスとしてスタートする私が握りしめていたのは実際にはこのふたつだけでした。

フリーランスになってからの楽しさと戸惑い

　30歳前後で訪れる土星回帰が終わっても、土星回帰のうつっぽさを抜け出せない人は案外、多いものです。20代の万能感はもうなく、なんとなく自分に自信が持てないのですね。独立したときの私も、そんなところがありました。生まれたときのホロスコープではネイタルの月にトランジット（通過）の土星が来ていたのもありますが、よるべない気持ちでしばらくは過ごしていました。月と土星では、土星のほうがかなり重い存在なので、月にとっては耐えがたい試練になりやすいのです。

仕事は幸い、友人が出版社を紹介してくれるなど口コミで広がっていき、ひとり暮らしでも十分食べていくことはできました。ひとつの雑誌に縛られないのは楽しかったのですが、若くてもある程度の裁量と予算が与えられる会社員編集者と違い、駆け出しのフリーランスですから、自分の権限でできることが少ないのです。当時は、「会社員とフリーってどう違う?」とよく聞かれ、「男と女くらい違う」と答えていたほど。自分主体で発注する側の編集者は男性性に寄っていますし、それを受けてものを作るフリーランスのライターは女性性に寄っていますから、その違いを感じていたのだと思います。

楽しくなったのは三年目に入った頃でしょうか。女性誌、男性誌、生活誌とあらゆるタイプの仕事を受けるようになりました。パリのインテリア取材、イギリスの占星術家、ジョナサン・ケイナーの翻訳本の編集、スピリチュアルサロン取材など、思いがけない話が飛び込んでくるので楽しくはある。でも、自分はいったい何がしたいのか、よくわからなくなっていました。文章はうまくないものの、一種のチャネリングでどんな媒体の文体にもなんとなく合わせられますが、内側は混乱していたのかもしれません。でも、そんな時代だからこそ、占星術だけでなく、スピリチュアルな探求にも夢中になりました。編集者というアイデンティティをなくす中で、確かな自分をもう一度、見つけたかったのでしょう。

自分だけの新月で、Sayaになる

フリーランスになって、四年あまり。２００７年、自分だけの新月（プログレスの新月）と言われる三十年に一度のタイミングで、『ＥＬＬＥ（エル）』のオンラインでの星占い連載が決まりました。これまでのような取材ライターではなく、自分で占って、ペンネームではあっても、自分の名前で書く。編集者から、本名とは一字違いのＳａｙａという名前が与えられ、２００８年2月4日、立春には著者としての連載が始まったのです。せっかく著者として書けるのだから、自分の中のよいものを全部出そうと決めたのですが、その気持ちは思いがけず読者の方たちに通じて、２０２１年の現在も続く人気コンテンツとなりました。

生まれたときのホロスコープでは惑星が集中するおとめ座にトランジットの土星が来

ていたことも手伝って、編集や取材ライターの仕事はこの頃をピークに手を離れていきます。生まれたときの太陽に土星が来ると、それまでのアイデンティティを手放すことがよくあるうえ、私の場合は、10ハウス（キャリアを表す場所）におとめ座がありました。そこに土星が来たうえ、プログレスの新月も重なったので、２００７年から２０１０年にかけてはキャリアが大きくシフトすることになったのでした。ひとりで占って書くほどの力が自分にはまだないとも思いましたし、大きな存在に頼りたい気持ちもありました。それでも責任を持って書くことは太陽を生きるよい練習となりました。この頃の修行のような日々が今も役立っているのを感じます。

スピリチュアル文筆家としてインフルエンサーに

当初は、『ＥＬＬＥ（エル）』の編集者が名付けた「スピリチュアル文筆家」を名乗っていました。占いのＰＶを上げるためにと言われ、２００９年の8月8日にはスピリチュアルなブログ、『Ｓａｙａの乙女なスピリチュアルＤａｙｓ』をスタートしました。今考えると、スピリチュアルな性質を持つうお座に天王星があったせいだと思うのですが、その数年前から、『ＦＲａＵ』のスピリチュアルサロン特集や『ｎｏｎ‐ｎｏ』の開運特集なども取材させてもらい、スピリチュアルなトレンドを作り出す側にいたこと。第二章でお話しするように、個人的にも神社めぐりや聖地訪問に夢中になっていたことが背景にありました。これもたまたまですが、８月８日は、スピリチュアル系ではライオンゲートがひらくと言われるタイミング。ブログが世の中に浸透するようになると、スピリチュアルな世界からもお声がかかるようになりました。

アメリカやオーストラリアなど海外のヒーラーやサイキックが来日すると、無料でセッションを受けてはブログを書く。そんなインフルエンサーの走りのようなこともしていました。サイキックへの取材は刺激に満ちていて、おもしろくはあったのですが、毎週のように過去生や未来を見てもらっていると感覚が麻痺して、あまり驚きもしないように。チベットの女僧やアメリカ先住民のイロクアイ族のシャーマンなど、ずいぶんスピリチュアルな人生も言われて、「私、そんなたいした人かしら」と、狐につままれたような気がしたものです。

この頃は、過去生が本当にあるのかどうか疑いながら、話半分に聞いていたところもあります。占星術については、多くの人のセッションをするうちに、「こんなにもリアルで、本当のことなんだ」という思いは強くなってはいたのですが、スピリチュアルな世界について、本当の意味で目がひらかれたのは、第二章の「生まれる前のこと」を徹底的に調べてからのことでした。

第一章

星が導くシンクロニシティ

ときめきを与え続けてくれる星の世界

もともと私は、定期的に「マイブーム」があるタイプ。それが自分だけの「好き」のこともあるし、世の中のブームとシンクロしていたこともあります。中学生だったか、紅茶ブームのときは英国スタイルのアフタヌーンティーにこだわり、大学生のプロヴァンスブームのときは「ソレイアード」の布を買ってクッションを作ったり、フランス映画を飽かずに眺めたり。生まれたときのホロスコープでは1ハウスにいて座の木星と海王星が合しているので、時代の空気をキャッチしやすいのですね。年齢を重ねた今でも、そうしたブームを追いかけていると、心が華やぐのがわかります。占星術も初めは、「月の星座」に惹かれ、次にホロスコープの存在を知って、「ホロスコープという自分を表す図形を読めるようになりたい」というだけでしたから、マイブームのひとつに過ぎませんでした。

ただ、このマイブーム。短期的に終わるものがほとんどなのに、占星術に関してだけは、私の心のときめきがなくなることはなかったのです。好きになって二十年間には退屈だなと思ったり、自分の読み方に進歩がないように感じたり、つまらない時期もありました。でも、不思議なことに、飽きて放り出すことはない。もちろん途中で仕事になってしまったので、否が応でも向き合わないといけない状況もありましたが、ある扉が閉まると次の扉がひらく。時にはトンネルもあるものの、そこを抜けると、また違う地平が広がるのです。その間にも時々、おもしろいシンクロニシティ（意味のある偶然）が転がっている。道端の可愛らしい花々を摘み取っているうちに、ここまで自然と歩いてきたような気がしています。

この章では、星に出会ってからの印象深いエピソードやシンクロニシティをご紹介したいと思います。

星が導くさまざまな出会い

まえがきの著名な占星術家とは実は、鏡リュウジさん。鏡さんとの対面も、不思議なシンクロニシティがあり、導かれるようだったのを思い出します。ラフォーレ原宿だったか、知り合いのイラストレーターさんの個展を訪れたら、そこに当時の編集部の同僚がいて、その夜の恵比寿での食事会に誘われたのです。料理スタイリストの板井典夫

（マロン）さんのお店でした。気軽なシングルのこと、ほいほいとついていったら、別のテーブルは前の会社でお世話になったカメラマンさん夫婦とその友人夫婦。再会をきっかけに、月食の晩につながったのです。星の道を歩く中では、こんな出会いがたくさん用意されていました。

もともと鏡さんに会いたいと思ったきっかけも、鏡さんが翻訳されたアメリカのジェイムズ・ヒルマンの著書、『魂のコード　心のとびらをひらく』（河出書房新社）を読んだからでした。惑星期で太陽期に入る頃から心の世界に惹かれ、河合隼雄さんや秋山さと子さんといったユング系の心理学者の著作、アメリカ人のトマス・ムーアさんやシャーリー・マクレーンさんらのスピリチュアルな著作を読み込み、夢日記をつけては心の世界にさまよい込んでいましたから。鏡さんのヒルマンの翻訳は文体がとても素敵で、恥ずかしながら、お会いしたあとは鏡さんの追っかけのようになっていました。ホームページでユング学会の講演があると知って出かけたことも。そこでも、シンクロニシティが待っていました。「7ハウスのふたご座の土星はどういう意味ですか」という私の質問がくじで当たってしまって読み上げられ、「これを書いた人立ってください。今、こんな偉い人の前で恥ずかしいと思っていますよね、それがあなたの7ハウスのふたご座の土星です」と公衆の面前で鏡さんに言われてしまったのです。確かに恥ずかしかったのですが、それを見て、「あなた、占星術に興味があるの？　」と声を掛けてくれた年上の女性がいました。その人も占星術の勉強をしていて、アメリカ西海岸の大学で勉強され、時たま帰国していた別の心理占星術研究家の勉強会に誘ってくれるようになりました。年に一回、あるいは数年に一回、お目にかかったのはトータルでも三、四回なのですが、占星術の奥深い世界に触れるよいきっかけとなりました。その女性はまた、占星天文暦の存在も教えてくれました。

それから、２００１年のこと。杉並・高円寺にある和食屋さんで、ある同年代の女の子と隣り合いました。お互いライフスタイル系の雑誌編集者。彼女はファッション、私はインテリアと畑は違いますが、知り合いの料理写真家のご夫婦のマンションに彼女も住んでいると判明。おしゃべりは盛り上がり、連絡先を交換して帰ろうとしたときのこと。店主の女性にホロスコープを見てほしいと以前から頼まれていたので、「生年月日と生まれた時間と場所、教えてくださいね」と告げて帰ろうとすると、その女の子がニコッと笑って、「もしかして占星術？　」と声を掛けてくれたのです。なんと彼女も星好きだったのですね。当時はまだ星を好きな人が少なかったので、それだけで仲よくなるには十分でした。その彼女との星のおしゃべりも、占星術の上達にとても役立ちました。松村潔先生のサビアン占星術の本を片手に、「来年はプログレスの太陽がてんびん座の何度になるから、こんなふうになるのかな」などと語り合ったものでした。自分の人生と結びつけて話をすることで、星の知識が生きたものとして定着するのですね。彼女の太陽はやぎ座で、私の太陽はおとめ座。ふたりの太陽のちょうど中間に太陽が位置する、おうし座の頃の出会いでした。彼女ともうひとりさそり座のライターさんと三人で集まっては、「チャーリーズ・エンジェル」と称して、よく星の話をしていたものです（映画の中で、デミ・ムーアが占星術を使っていたため）。

また何年か経って、ある個展で出会ったのが星好きのテキスタイルデザイナーさん。彼のイラストやテキスタイルもとても素敵で、象徴としての星や日本の神さまをデザインに取り入れている方でした。当時はまだ海外のホロスコープサイトの存在は知らず、ノートパソコンにホロスコープ作成ソフトを入れていました。それがあると簡単に詳細なホロスコープが出せるので、その人が主宰する勉強会に手伝いに行ったことも。『メンズノンノ』などファッション誌のモデルさんたちが星を学ぶ楽しい会でした。ずっと使っているＳａｙａのポートレイトのイラストは、その方がランチ一回分で描いてくださったものです。

そもそも、『ＥＬＬＥ（エル）』の連載のきっかけとなった編集者との出会いも、２００６年のある会でのこと。モデル、ＰＲ、ハースト婦人画報社や集英社の編集者、美容ジャーナリストなどが集まる華やかな女子会で、やはり星の話で盛り上がったのが始まりでした。何でも彼女のお父さんが星好きで、高校時代に占星術の本を贈ってくれたのだそうで、よちよち歩きだったＳａｙａの人気は、信じてまかせてくれたうえ、変わらず応援してくれた彼女の母性の力なくしてはありませんでした。彼女とは千葉・一宮町の玉前神社の満月のご神事に誘い合わせて出かけたことで、ご縁が深まったことが懐かしく思い出されます。

当時は、うお座に天王星があり、占星術が時代の先端でもありましたし、私の生まれたときのホロスコープでは友人の室にてんびん座の天王星がある。同僚や同級生よりも、ひょんな出会いのほうが盛り上がり、長続きする傾向はもともと持っていたのかもしれません。

こうした楽しい出会いの数々が星への情熱の火を消さないためのよい燃料となってくれましたし、仕事にもつながっていきました。次第に占星術家の方々との出会いも引き寄せていったのです。イギリスの占星術家、ジョナサン・ケイナーの『ＬＯＶＥ ＳＩＧＮＳ』（ワニブックス）という本の編集をさせてもらったり、『ＣＲＥＡ』で書いていらっしゃる占星術家の岡本翔子先生を知人に紹介してもらい、お食事をご一緒したり。マドモアゼル愛先生の取材後、愛先生の開催されたお食事会に参加したのもよい思い出です。毎年、『MOON BOOK』というダイアリーを出されている翔子先生はさそり座生まれ。ハーブに詳しいお料理上手で、アラビア語も学び、モロッコに毎年のように出かけるなどやはり魔女を思わせる人。みずがめ座の愛先生は、スピリチュアルなビジョナリーで、とても広い視野で未来を見越しているのが印象的でした。

2006年のミクシィのプライベートな日記です。

2006.11.25

マドモアゼル愛先生の
射手座に守護星のジュピターが回帰するお祝いディナーへ。
エミール・シェラサード先生、森村あこ先生、説話社の方々など
占いワールドでしたが、楽しかった。
太陽・木星いて、月やぎの日らしく、いて座ややぎ座の方、
そして、私と同様、木星がいて座の方が多かったのがおもしろかった。

愛先生は、やっぱりおもしろい。
ホロスコープを見ていただいたところ、
先生は、私の太陽の位置に土星、私の火星の位置に木星が合だと言う。
温かく応援してくださる師匠という感じ。
先生の前だと緊張せず、のびのび振るまえる。
「昔で言えば、貴族のホロスコープだ」と言われて、
ちょっとご機嫌です。大事に育てられたお嬢さまという感じとも。
段ボール箱入りでしたが、確かに大事に育てられていますね。
7ハウスに土星があるから時間はかかるが、
すばらしい人と結婚して、人生がひらいていくとも言われ、
それもご機嫌な理由のひとつです。

なにせ木星ですから、今日お会いできた方々は、
今後もご縁があるのかも。
私自身も、今年は木星となって、
縁のある方々を明るく照らし出したいなあとつくづく思いました。

フリーランスになってからは、「占いも取材したい」という私を編集者がライターとして起用してくれるようになっていたので、2008年、冥王星がやぎ座に入ったときには故ルネ・ヴァン・ダール・ワタナベ先生を取材したことも。お亡くなりになる三年前でしたが、とても優しくてダンディで、十二星座すべての女の子と付き合ったことがあるとおっしゃっていたのが印象的でした。松村潔先生にも個人セッションをお願いしたり、ダイアリーの原稿を書かせていただいたりもしました。占星術家の方を取材して原稿を書いていたのはほんの二、三年のことでしたが、憧れの方たちに会う楽しさがありました。

世界にまで広がるシンクロニシティの輪

こうしたシンクロニシティは、Ｓａｙａとして活動するようになってからも広がっていきました。「Ｓａｙａ」が始まったのが37歳。惑星期の考え方では35歳から44歳の火星期とちょうど重なるのですが、私の星の文章を好きだという読者の方たちが次々に連絡をくれるようになったのです。きっかけはホロスコープのワークショップの開催。三十名ほどの方が参加されたその会のあとも、募集のために出したメールアドレスにホロスコープをリーディングしてほしいという依頼が舞い込むようになりました。みずがめ座に火星、11ハウスに天王星を持つ私らしく、読者の方たちとのネットワークが生まれていったのです。

それ以前も口コミでは見ていたのですが、『ＥＬＬＥ（エル）』の読者の方に向けて個人セッションを始めたのは２００８年のクリスマス頃。連載を始めた年の終わりですから、とても早い展開でした。東京・白金の「シェラトン都ホテル東京」でお部屋を借りたのですが、そのときに来てくださった読者さんには今でもお付き合いのある人も。当時は、個人でホロスコープ・リーディングをしている人が珍しかったのか、それからも依頼は続き、２００９年には個人セッションのためのホームページも作りました。『ＥＬＬＥ（エル）』の読者の方たちですから、「バーバリー」のデザイナーやアメリカ大使館に勤めているといった、おしゃれで知的な方ばかり。内容もいつかフランスに留学したいといった夢や憧れが多く、お会いするのも楽しくて続けていました。

だんだんに東京の流行りもののようになり、リーディング依頼は増える一方。中目黒から渋谷のマンションに引っ越して、そこを週末自宅サロンに。ホテルのラウンジも使いながらでしたが、一時は、毎週末五、六名の方をリーディングするほど。この経験が自分なりの星読みを育ててくれました。余談ながら、リーディング中の脳はフル回転。座ってお話ししているだけなのに、ものすごくエネルギーを遣うので、終わるとお腹がすいて食べまくることになり、星読みって太るなあとも思ったことでした。

２０１０年は、「星座の会」も毎月、開催。おとめ座ならおとめ座の人ばかり集まるのですが、髪を象徴するおとめ座らしく、さらさらの肩くらいの黒髪の女の子ばかりが集まり、同じような言葉を口にする。旅好きのいて座の会では何人も沢木耕太郎さんの本を持ってくる。場の集合意識ができるので、さそり座なら内省的なさそり座らしい、霧の中にでもいるような空気が生まれる。あれは、とてもおもしろい経験でした。

中心となるのは『ＥＬＬＥ』の当時の読者層、東京在住の30代でしたが、国内はもちろん、海外からもコンタクトが多く、その出会いのおもしろさにＳａｙａの活動を続けていたところもあります。ロンドン、ウィーン、パリ、アムステルダム、ブリュッセル……ＥＵ圏でがんばる日本人の女の子たちも、当時はまだウェブメディアが少なく、日本語に飢えていたそうで、いろいろな人から連絡をもらいました。中には「遊びにおいで」と言ってくれる人もいて、ヴァカンスと称してはＥＵに数週間、滞在するなどしていたものです。旦那さまの海外駐在でストックホルムに滞在していた友人の家などにも立ち寄りながら、ひと足早くＡｉｒｂｎｂ的な旅をさせてもらっていました。ウィーンのアーティストの方が連れていってくださったアルプスのスパなど本当に素敵で、よく覚えています。

国内でもそれは同じ。気軽なシングルのこと。ふらっと旅に出ては広島、熊本、沖縄など現地の読者さんと合流して、一緒に神社へお参りする。思いがけない出会いが生まれるウェブの世界に当時は夢中だったのですね。オンラインサロンやレンタルスペースサイトなども生まれていない頃。口コミで場所を探してお借りしたり、リアルタイムチャットでセッションやクラスをしたり。時間と場所の関係ない、天王星的なオンラインの世界で遊んでいました。

現象化するサビアンシンボル

　サビアンシンボルと言われる、ゾディアック（十二星座）のひとつひとつの度数に意味があるとする占星術がありますが、私はこれが時々、現象化します。私の出生の太陽はおとめ座19度ですが、サビアンシンボルでは一度足すので、20度の「西海岸を目指すキャラバン」に当たります。おとめ座に土星が来ていた２００９年の初夏のこと。サンフランシスコとバークレーのインテリアを取材したうえで、シャスタ山も取材するという仕事が入りました。その雑誌の編集長には独立したてからお世話になっていて、「インテリアとスピリチュアルの両方が取材できるのは君しかいない」と頼んでくださったのです。これまで海外はヨーロッパやアジアばかりで、アメリカは初めてだったのに、二週間も西海岸に滞在できることになりました。

　シャスタ山は、カリフォルニアに存在するパワースポット。アリゾナのセドナと並び称されるアメリカを代表する聖地のひとつです。タイアップだったので、旅程は自由になりません。飛行機で行けば一時間なのに、サンフランシスコからシャスタ山まで、ワイナリーや映画のロケ地をめぐりながら、車でハイウェイを北上しなければいけなかったのですが、この陸路での旅は、まさに西海岸のキャラバン！　太陽のサビアンシンボルどおりなことにあとから気づきました。

聖地に呼ばれるときは大抵そうですが、このときも、寄せ集めチームでの取材はハードなもので、一筋縄では行きませんでした。でも、「行きはよいよい、帰りは怖い」の逆で、「行きは怖くて、帰りはよいよい」も、聖地取材の常。往路では六時間もハイウェイを北上したり、ジェームス・ディーンの映画の舞台になった町の、ヴィクトリアンスタイルのホテルでおばけが出たりと少しの苦労も伴いましたが、シャスタ山ではすばらしい体験ができました。

ネイティヴアメリカンのシャーマンや山の静寂を守るマウンテンガイドとの出会い（シャスタには世界中からヒーラーやヒッピーのようなグループが集まるため、自然を壊している部分があり、山を必死で守っている方でした）。涙が出そうに美しいシャスタ山の眺め、朝もやの中できらめく鏡のような湖、激しく流れ落ちる、それでいて清らかな滝。このとき、私の父は食道癌の術後で入院中。ほかのスタッフの中にも、父や兄を亡くしたばかりなど、心に深い傷がある人が多かったことが取材中にわかり始めました。シャスタは、喪失を経験し、心に傷を持った人たちを癒してくれる場所でした。美しい野原で、スタッフのひとりがお兄さまの死について、つらい胸の内を明かしてくれて、抱き合ったことが思い出されます。

そして、何よりも水！　シャスタ山が長い年月、作り出す清らかな水は、「クリスタルガイザー」として日本でもおなじみです。あの水を、あの山や人々が守っていることが、きらきらしたシャスタの夏の透明な光や緑とともに、父の病気で心弱くなっていた私を励ましてくれました。

また、２００９年は、サビアンシンボルの現象化がもうひとつありました。経緯は第二章でも触れていますが、奥多摩の鳩ノ巣渓谷に出かけることになったのです。江戸時代に振袖火事と呼ばれる大火があったときに、復興のために奥多摩の木材が必要になり、人夫を泊める飯場小屋が鳩ノ巣渓谷にも建てられました。そのとき、小屋に祀られた水神社には二羽の鳩が巣を作り、朝夕、餌を運ぶ様子がとても仲睦まじかったので、この地は、「鳩ノ巣」と呼ばれるようになったのだそうです。

「Ｓａｙａ」の連載は、私の生まれたときのホロスコープではドラゴンヘッドという感受点（太陽のとおり道と月のとおり道の交点）にトランジットの太陽がめぐってきた２００８年の立春に始まりました。つまり、Ｓａｙａの太陽のサビアンシンボルは、私個人のドラゴンヘッドの度数。そして、みずがめ座の15度、「二羽のラブバードがフェンスの上に座って幸せそうに歌う」ですから、「鳩ノ巣渓谷」のエピソードそのままです。個人ブログの日記によると、鳩ノ巣を訪れたのは２００９年の7月20日。ちょうどみずがめ座には木星や海王星が、土星は私の生まれたときの太陽、おとめ座19度付近に来ているタイミングでした。

このときはまだシングルだったので、「人生の使命と言われるドラゴンヘッドだけど、私はラブバードがミッション？　それにしても、なかなか実現しないものだなあ」といぶかしく思っていた記憶があります。でも、その三年後、夫に出会い、結婚に至ってみると、この度数をよく思い出します。同い年でちょうどひと月違いの誕生日を持つ夫も、この度数にドラゴンヘッドを持っているからです。ふたりともぽっちゃり体型なので、鳩というよりはフクロウみたいですけど。私たちは、「男だから、女だから」という伝統的な役割にこだわらずに自分たちの最適解を見つけて生きているので、そうしたみずがめ座的な生き方を周囲にも意識してもらうミッションがあるのかもしれません。サビアンシンボルの現象化は、みな気づいていないだけで、実はかなり頻繁に起こっていると思います。そもそも、占星術に出会った１９９９年の月食の晩も、ネイタルのドラゴンヘッドの度数にほぼ天王星が乗っていたことにこの本の執筆中に気づきました。私たちは、やはり星に導かれているのです。

引き寄せとして働く星たち

星に飽きなかったのは、星まわりが変わると、現実の人生がおもしろいように変わっていくからでもあります。自分の現実をリトマス試験紙に、星の実験をしていたのかもしれません。

私の土星はふたご座にあり、生まれたときの土星へのトランジットである土星回帰も、ふたご座で起こりました。その頃、社風が合わなくて苦しんだ雑誌社の創立記念日は、なんとふたご座でした。ふたご座の先輩とうまくいかず、人間関係に悩んだりもしました。土星回帰の時期にまるで土星に導かれるように、わざわざ土星を象徴する会社に行ってしまったことを考えると、ネガティヴな意味での引き寄せとして働いたとも言えます。でも、自分に足りないのはマーケティング、「売る」発想だとも、しっかりと教えてもらいたいとも思っていたので、この会社の雑誌づくりを見られたのは勉強になった面も。その意味では、よいとも悪いとも言えないエッセンシャルなもの。教え導く師のような存在である土星のレッスンだったのだと思います。

そんなふうに日々を星の眼鏡で見つめていると、自分のパターンがわかってくるので、先を読めるようになってきます。たとえば、木星のサイクルは約十二年ですが、私の場合は、２００３年、自分の太陽星座に木星がやってきたときに、会社を辞めてフリーランスに。十二年後の２０１５年には沖縄を出て、京都に移住することを決意しています。木星がやってくると、私の場合はとてもおおらかになり、問題に向き合いながらも大胆なチャレンジができるようです。運がよくなるからとそうしたわけではなく、自分の気持ちのままに過ごしていると、自然とそうなるのです。となると、また十二年後には何か転機がやってくるし、新しいことをやりたくなるのだろうとわかりますよね。これは、プラスの引き寄せです。

占星術を学ぶときも、こんなふうに過去の振り返りはとても役に立つので、自分が何年に何をしていたのか、そのときの心持ちがどうだったのかを把握している人のほうが向いています。そもそも、「人生なんとかなる」と根っから楽観的な人はあまり占星術を学ばないものですが、日記を書くなどして、観察眼を育てておくのもおすすめです。

七年ごとの転機がわかる天王星

天王星が支配するみずがめ座に火星を持っているせいかもしれませんが、トランジットの天王星が七年ごとに星座を移るとき、私のホロスコープの重要なポイントを通過するときも、何かと出来ごとが起こります。

たとえば、2003年に雑誌社を辞めたときは、ネイタルのIC（居場所を表すポイント）があるうお座に天王星が入っていました。天王星がうお座に入った途端、上司に「辞めたい」と言ったことに、あとで気づきました。そして、この頃、うお座が象徴する海が私の人生に色濃く現れてきました。一年のうちに三回も南の島に誘われたのです。辞めてすぐは、インドネシアのバリ島へ。冬の間には沖縄の石垣島。そして、夏には東京の御蔵島でイルカと泳ぐことになりました。

その次は、天王星がおひつじ座に入ったタイミングです。2011年の3月12日に天王星が移動したのですが、11日に東日本大震災、12日に福島の原発事故が起こり、ゆっくり本を書こうと翌月には土地勘のあった沖縄へ。結局、拠点を移すことになったのです。「天王星が動くから、何かあるのかな」とはもちろん思っているわけですし、判断の参考にはしますが、それに合わせて無理やり何かしようとコントロールしているわけではないのです。でも、自然とそうなってしまうのですね。

　そして、２０１８年の５月と２０１９年の３月。ふたつの段階を経て、天王星がおうし座に入りました。第三章にも詳しいのですが、２０１８年の５月に蘭のフラワーエッセンスに出会うことになり、そこから、また新たな展開が見えてきました。がんばりすぎ、燃え尽きかかっていた自分をエッセンスで癒し、周りの人も癒していく中で、自分の引き出しが増えて、できることも広がるように感じられました。

　さらに、２０１９年の３月に、天王星がおうし座へ。おうし座は、おとめ座生まれの私から見ると、９ハウスの出版の室に当たります。２０１１年と２０１２年に二冊出したあと、ストップしていた出版の流れが再び到来。２０２０年の10月に集英社で本を出せました。さらに贅沢なことには数ヶ月違いで説話社からもオファーをいただき、この本が２０２１年の５月に出せることになったのですから。星のリズムを把握して、流れに乗れる自分でいると、風向きが悪いときも、そのうちいいときが来ると耐えられるし、いくつになっても人生に夢を失わず、楽しくいられる気がしています。

第二章

生まれる前のこと

この章でお伝えしたいこと

占星術では誕生の瞬間を非常に重視します。生年月日、出生時間、出生場所によってホロスコープを作り、そこに人生が示唆されていると考えます（ホロスコープ自体は、ウェブサイトなどで簡単に作れます）。ホロスコープにも生まれる前のことが現れていないわけではないのですが、メインは、生まれたあとの話なのですね。

でも、「自分とは誰だろう？　何だろう？」という問いを続けていくと、いつしか生まれる前のことに行き当たるようになります。父と母にもその前の世代にも、さらにその前の世代にも物語はある。また私たちには過去生もあると考えると、私たちの潜在意識に眠る物語は無数にあるのです。

もちろん、いくら過去生や先祖の物語をコレクションしても、今の自分が虚しければ、何の意味もないのですが、心の中にそれらの物語があると、現在の人生が何倍も豊かになるでしょう。ここからは、私の「生まれる前」の物語にお付き合いください。

山の上ホテルで扉がひらく

私のスピリチュアルな旅の始まりがいつだったかと考えると、そもそもは、社会人になり、冥王星が生まれたときのアセンダントを通過した頃。社会に出て初めての価値観に出会い、１ハウスには木星と海王星もある私の、自分でも知らなかった面が出てきました。セッションの経験からも、アセンダントから1ハウスへの冥王星の通過は、私たちの魂を目覚めさせるのではないかと思っています。

十年くらいは精神世界や心理学の本を読むだけにとどまっていましたが、現実にスピリチュアルな世界へと扉がひらかれ、召喚されたように感じたのは十五、六年前。星との出会いから六年ほど経ってからやってきました。舞台となったのは、御茶ノ水の「山の上ホテル」の一室。ある雑誌の取材で、スピリチュアルカウンセラーの江原啓之さんにお会いしたのです。当時の江原さんは、テレビ番組「オーラの泉」で人気沸騰中。私はと言えば、勤めていた出版社を辞めて二年ほど、フリーランスとしてはまだ駆け出しの雑誌ライターでした。当時の東京ではオーラや過去生を見られるサイキックの存在はまだ珍しく、あの頃、誰もが会ってみたいと思っていた江原さん。私たちの前に対談をしていたのは、『対岸の彼女』が当時、ベストセラーになっていた小説家の角田光代さんでした。客室前に用意された椅子で順番を待ちながら、「角田さんまでいらしてる！」、私の緊張はどんどん高まっていきました。

私たちの番がやっとまわってきて、客室に入ると、そこは何かふわふわとした、独特の空気が漂っていました。空気に触《さわ》れると言うとおかしいようですが、自分に羽が生えて、肌触りのいいクッションに寝転んでいるような、そんな軽やかなエネルギーが充満していたのです。高い波動を初めて味わったタイミングでした。

実際にお会いした江原さんは、一介のライターにもとても優しくて、フレンドリーなドラえもんみたいな方。すぐに緊張もほどけたのですが、そのとき話題になったのが宮崎の鵜戸神宮。同席した編集者が一緒に行こうと誘ってくれ、それが次のエピソードへと続いていくのです。

鵜戸神宮で女神と出会う

編集者に誘われたと言っても、プライベートの話。当然、飛行機代や宿代は自腹になります。その頃はＬＣＣもありませんから、独立したてでお財布事情の厳しい私にとって、九州の往復チケットは痛い出費。また現実に追われている自分には、神社のためだけに九州に飛ぶのは贅沢に思えました。ぐずぐずと先延ばしにしていると、翌年の春、ある雑誌のガーデニング大賞で、審査員のスタイリストさんや料理家さんたちが宮崎のお宅を選んだために、出版社の取材費で宮崎に行けることになったのです。あとにも先にも宮崎の取材はこのときだけ。のちのちわかることですが、神さまに呼ばれるときは、このようにシンクロニシティ（意味のある偶然）が起こるものなのです。

私の日程に合わせて先ほどの編集者も九州に飛び、私はもちろん自腹ですが、もう一泊して、ふたりで鵜戸神宮に向かうバスの中のこと。鵜戸神宮に行くには宮崎市内から海岸を二時間ほど走る必要がありますから、私たちにもたっぷりおしゃべりする時間があったのです。彼女がおもむろに話し始めたのは、日本各地に残る浦島太郎伝説と彼女の人生の共時性でした。当時、彼女には日本で研修中の外国人のボーイフレンドがいたのですが、一年限りの任期で東京を離れてしまう彼との逢瀬に、寸暇を惜しんで日本中を旅していたのでした。

＊

「先月、彼とふたりで山形の鶴岡にある『亀や』に行ったでしょう。エントランスに浦島太郎と竜宮城の壁画が飾ってあったので、浦島伝説について通訳しているうちに、彼にとっても日本での生活は研修中の一時的なものだから、まるで日本が竜宮城で、外国人である彼が浦島太郎のように思えて。いつかは、この夢のような日本という国から、浦島太郎のように現実世界である母国に僕は戻らなくてはならないと彼も落ち込んでしまって。まるで、私たちみたいだねとふたりとも黙ってしまったの。

その後、訪れた宮古島でも、橋で行ける来間島という離島に、竜宮城という展望台があってね。私たちの関係は、浦島太郎と乙姫さまのような一時的なものだと神さまに言われているようでつらかった。彼は年下だし、やっぱり私たちが結ばれることってないのかな。

鵜戸神宮の神さまの鸕鷀草葺不合尊《ウガヤフキアエズノミコト》のお父さんが浦島太郎のお話のモデルだと言われているのは知っている？　日本神話の『山幸彦と海幸彦』ってあるでしょう。山の猟が得意な弟の山幸彦と海の猟が得意な兄の海幸彦がある日、猟具を交換して、山幸彦が魚釣りに出かけるんだけど、海幸彦に借りた釣り針をなくしてしまうのね。言い出しっぺは山幸彦だったから、困り果てて釣り針を探しに出かけたのが「綿津見神宮《ワタツミノミヤ》」という海神の宮殿だったの。

そこで出会ったのが海神の娘である豊玉姫で、ふたり仲よく暮らしていたのだけど、地上に戻ることになって。豊玉姫になくした釣り針と霊力のある玉をもらい、地上に戻ってから、その玉を使って、あやまちを許してくれなかった海幸彦をこらしめ、忠誠を誓わせたんだよね。

豊玉姫も山幸彦を追いかけていって、地上で子どもを産むんだけど、それが鸕鷀草葺不合尊。神武天皇のおじいさんで、鵜戸神宮の神さまなの」

＊

実は、神話には続きがあり、豊玉姫は、ワニの姿でのお産を夫に見られたことがきっかけで、海神の宮殿に戻ってしまうのです。代わりに鸕鷀草葺不合尊のもとに遣わされるのは妹の玉依姫ですから、少し悲しいお話ではあるのです。

土地の神社にまつわる神話、名前など生まれもった運命と現在進行形の恋愛との共時性のストーリー。彼との別れを予期して、メランコリックなもの思いにふける彼女をよそに、能天気な私は、自分の女神さまと物語を持つ彼女が無性に羨ましくなって、山幸彦と海幸彦のお母さん、木花開耶姫《コノハナサクヤヒメ》さまを自分の女神さまにしようと直観的に決めてしまいました。サヤとサクヤで名前も似ているし、一夜の恋で身ごもり、火の中で出産しつつも、最後には好きな人と添いとげるというドラマティックなストーリーに惹かれたのもありました。日本神話をよく知らない私にとって、女神さまはドラマや映画の中の登場人物のように思えたのです。

富士山の女神さま

凝り性なところがある私は、編集者と別れてから、ひとりで宮崎県・西都市の都萬神社や宮崎市の木花神社など木花開耶姫に関連する神社をまわり、東京に戻ると、木花開耶姫について、ちょくちょくネットで検索するようになりました。シンクロニシティは続くもので、九州で出会った異郷の女神さまは、富士山の浅間神社のご祭神でもあり、小学校の窓越しに眺めていた富士山の女神さまでもあったのです。生まれた町の富士山と同じ方向にあった丘陵も、江戸時代は浅間山と呼ばれ、通称、浅間神社があり、木花開耶姫さまが祀られていることがわかりました。宮崎という遠い場所で出会った女神は、本当に自分の女神でもあったのですね。

それまでの私は、お山をご神体とする信仰があることも、神社ごとに祀られている神さまが違うこともよくわかっていないほど、神さまオンチでした。バブルの時代に思春期を過ごし、自分の足もとのことはかえりみずに、海外にばかり憧れていました。日本のことは、何も知らなかったのです。産土神《うぶすながみ》であるはずの木花開耶姫さまについて知らないことはその象徴のようでした。

Ｓａｙａのお話が決まる一年前のことでもあり、当時の私は、楽しく充実している中にも今ひとつ満たされないところがありました。自分の人生をドラマティックに変える圧倒的なものを求めていたのか、乾いた土が水を吸収するように、日本の女神さまたちにのめりこんでいきました。日本史や記紀、民俗学に詳しい人との出会いもあり、まるで導きの猿田彦神のように、いろいろなことを教えてもらいました。日本の神話には国津神と天津神がいること、国津神が縄文時代からのリーダーであり、天津神が渡来人であると言われていることを知りました。

この頃は、女神の〝追っかけ〟も随分やることになりました。木花開耶姫を訪ねて、富士山の足もとをぐるりと囲む静岡県・富士宮市や山梨県・富士吉田市の浅間神社に行ったこともありますし、菊理媛《ククリヒメ》さまに興味を持つと、菊理媛さまがご祭神である白山比め神社のある金沢への旅に誘われ、現地にお参りするという具合です。瀬織津姫《セオリツヒメ》さまに興味を持ったときには、ご縁の深い奈良の月ヶ瀬にさらしの取材で行くことになりました。

菊理媛さまは、黄泉の国を訪れた伊邪那岐命《イザナギノミコト》にあることを言い、感心された女神さま。もうおひと方、瀬織津姫さまは、秘された女神さまと言われ、お名前を聞いたときからなぜか忘れることのできなくなった女神さまでした。その瀬織津姫さまは、歴史の表舞台に出ることはないのですが、縁のある土地が全国あちこちにありました。そのひとつが奈良の月ヶ瀬なのです。

何でも、「紀伊続風土記」に、「月ヶ瀬村領地北岸に祓の宮があり、幹の回り一丈の櫟《いちい》の木を御神木として祭る。祭神は瀬織津姫」とあるのだそうです。瀬織津姫さまは、水の女神。さらしを作るにも、きれいな水が欠かせません。月ヶ瀬でさらしを織っていたのは、名もなき女性たちですが、伊勢神宮にも納められていたと聞きました。当時、折口信夫の「水の女」（水辺で織物や占い、神への導きをする女性たちのこと）について調べていたこともあり、水の女神ゆかりの土地で、織物をする女性たちを取材できたことは、心に残る出来ごとでした。文章を書くことも、織物に近い気がするのです。私が感じているエネルギーを表す言葉を空中に探し、目の前に垂れてくるさまざまな糸を撚りあわせ、ひとつの文章に織りなしていく。そこには私の意図、デザインも入りますが、素材を生かさなければならないからです。

そんなシンクロニシティの連続で、「呼ばれる感覚」を楽しんでもいましたが、毎日がお祭りのような、熱に浮かされた感覚もあった頃でした。この頃は、神社でおみくじを引いても、大吉しか出なかったものです。今より神さまに近い場所にいたのかもしれません。

「縄文のヴィーナス」との出会い

長野・茅野市の「尖石縄文考古館」にある国宝の土偶、「縄文のヴィーナス（女神）」に出会ったのもこの頃です。でっぷりした腰つきのプリミティヴな女神の豊穣な美は、太め体型である私にも自己肯定感を与えてくれたのですが、今思うと、「女神」は、この頃の私の周囲によく現れるキーフレーズでした。「縄文のヴィーナス」と出会う少し前から、オーラソーマ・カラーセラピーを取材する機会が多く、よく「ヴィーナス誕生」のイクイリブリアムボトルを選んでいました。オーラソーマには光の身体、光のエネルギーといった意味があり、直観で選んだ色とりどりのボトルからメッセージを読み解くもの。ボトルの中に入っているオイルを眺めたり、身体に塗布したりして使い、ボトルのエネルギーを自分の中に浸透させるのですね。ヴィーナスは、もちろん愛と美を象徴する女神ですが、このボトルは、男性性ばかりに取り組み、女性性を意識できていない人がよく選ぶものなのだそうです。

この頃の私は、もう女の子ではない30代の女性。会社を辞めてフリーランスになって仕事の調子はいいのですが、形だけは自立しても、優等生でやってきて自分の女性性もよくわからない。頭では「結婚」も考えるけれど、実は、たいして惹かれていない。そんな私が無意識のうちに、自分の中の「女神」の部分、女性としての本質を探しに、少し風変わりな〝女神ごっこ〟を楽しんでいたのかもしれません。そのときは気づきませんでしたが、オーラソーマの「ヴィーナス誕生」のイクイリブリアムボトルを洗面台にいつも飾っていたことで、「縄文のヴィーナス」との出会いもあったのかもしれません。

私たちの世代は、海外や欧米に憧れ、白人のほうが優れているように感じていた「昭和」をリアルに記憶しているという意味ではきっと最後。今の20代の女の子たちは、パリやNYは好きでも黄色人種であることに劣等感など抱かないと思いますが、私が子どもの頃はまだ男女差別も根強く、潜在意識では日本女性であることに引け目を感じるところがあったのだと思います。

そんな潜在意識の自己否定感が「縄文の女神」との出会いで、奇妙なほどなくなりました。白人と黄色人種というだけでなく、日本の中にも縄文の国津神と渡来人の天津神があるならば、美の基準は日本各地で違うはず。ある地域や時代の美の基準に自分が合わないからと言って、引け目を感じることはないと腹に落ちたのでした。女性は女性というだけで美しいんだなと思えたのです。

アイヌ民族や琉球をのぞき、日本は単一民族のように思っていましたが、その昔、渡来人が大量に押し寄せ、先住民と血が混ざる歴史はあったはずで、日本人も混血の民なのだと改めて思いいたったのも、とても大きな気づきでした。ハワイでは白人の植民地支配に対し、ホクレア号という航海カヌーを復活させ、大洋を航海することで、ハワイ人としてのアイデンティティを取り戻そうという活動があります。「縄文のヴィーナス」を初め、霊的な自分を知る旅路は、私にとってのホクレア号でもあったのです。

そして、自分の土地の女神の神話とは、その土地で太古の昔に起こったことで、一種の元型として、その土地で生まれ育った女性たちに繰り返し作用することも、次第に理解するようになりました。女神とは土地の女性性の象徴なのです。長い歴史の中では蹂蹂躙され、殺戮や収奪が起こった土地もあるので、女神の神話には癒されていない女性性が現れていることがあります。私たちは、知らぬ間にそうした先祖代々の女性性のストーリーを受け継いでいるのです。もし自分の人生に女神が現れたら、「あなたの中の女性性を見つけて癒しなさい」という合図かもしれません。神話の女神の痛みが自分の中にも眠っているのかもしれないと、頭のどこかに置いておくと、いつかピンと来ることがあるかもしれません。

沖縄の聖地取材

神社や女神さまに夢中な一年を過ごすうち、次第に女神さまだけでなく、女神さまが鎮座する「聖地」に興味を持つようになり、沖縄もそのひとつでした。2007年の秋ですが、沖縄取材の話が舞い込み、沖縄の聖地、御嶽《ウタキ》の取材を提案したところ、編集部からオーケーが出ました。2004年に石垣島には行ったことがあったものの、それは遊びにすぎません。沖縄本島は初めてだったのに、当時はメディアにもほとんど登場しておらず、沖縄の人にとっては畏れ多い場所でもある聖地の取材をしようというのは知らないからこそできたことでした。

沖縄には明治維新まで「琉球王朝」が存在していました。琉球王朝には第一尚氏と第二尚氏のふたつの時代がありましたが、第二尚氏の時代に確立したのがトップに聞得大君を置き、各地に女性の神官であるノロを配置して、精神性を統治・支配するシステムでした。それ以前にも、沖縄には長く祈りの文化がありましたが、このシステムは、女性の霊力というプリミティヴな力を国家権力による支配に組み込むもの。聞得大君は王となる者の姉妹がなることが多く、個人の幸せよりも国のことを第一に考えなければいけなかったのでした。まつりごとがうまくいかないと、聞得大君が責められることもあり、社会の状況によっては、大変な職責であったとも言われます。

沖縄の最高の聖地といわれる「斎場御嶽《セーファーウタキ》」は、聞得大君となる姫君に女神さまを降ろす儀式を行う場所ですし、斎場御嶽から見て東の方角にある「久高島」は、神さまの島と言われ、島の大半が聖地です。その昔は、ここでイザイホーと呼ばれる、島の女性たちが神になるという祭りが行われていました（復活したという誤解が一部にあるようですが、２０１９年に確認したところ、イザイホーは復活していません）。

取材したのは、これらの聖地をめぐる「東御廻り《アガリウマーイ》」という聖地巡礼の旅。もちろん明治維新とともに琉球処分があり、王朝は消滅しています。その昔は王族が行なっていた御嶽めぐりが庶民の間に浸透したものを取材したのですが、根底に流れるのは先祖崇拝の概念。先祖である神さまが海から上がって最初にお休みになった場所、最初に稲作をした場所、そうした場所がいまだに聖なる場所として崇められ、祈りによって清められているのですね。

また沖縄では、「誰それの末裔」や「門中《ムンチュウ》」という一族の概念もいまだに残っています。十日に及ぶ取材の中で、血縁による結束が固い、沖縄の人たちのあり方が私にはとても新鮮に思えました。「東御廻り」という聖地巡礼の旅にしても、バスを借り切って、この門中で行なったりするからです。両親とも祖父を幼い頃になくしたためにルーツの感覚が薄い私には一種のカルチャーショックだったのです。沖縄でも全員が御嶽崇拝を行なっているわけではありませんし、知識人の中には宗教的なものや御嶽（聖地）崇拝を嫌う人もいます。でも、家族を大切にし、先祖を敬う気持ちは多くの沖縄の人が持っているものでした。

沖縄で学んだのは、「自分だけの聖地とはご先祖ゆかりの土地である」こと。帰りの飛行機の中で、「沖縄の取材をしている場合ではない。私の先祖って、いったいどんな人たちなんだろう」、そんな思いが胸に宿ったことをよく覚えています。「自分の先祖を探そう」と決意したタイミングでした。

沖縄で知った名前の秘密

この沖縄の聖地取材では、いくつか印象的なエピソードがあります。ひとつは名前に関するもの。岳という名前の編集者と一緒だったので、「昔は、斎場御嶽を〝さやはだけ〟と呼んでいたのですよ。御嶽の嶽の字は、岳の旧字です。あなたと岳さん、ふたり合わせて、斎場御嶽ですね。あなたたちは、取材に来る必然があった。選ばれて訪れたのですよ」と市役所の臨時職員の方が教えてくれたのです。現役時代は内地の航空会社に勤めていた方で、辞書のコピーまで見せてくれたのですが、斎場＝さやは、〝聖なる場所〟という意味でした。

生まれたとき、秋風がさやさやと病室のカーテンを揺らしたから。それが母から聞いた名前の由来。漢字ではない自分の名前に、そんな意味があったとは驚かされました。〝さや〟＝斎場であり、死んだあとに人が戻っていく聖なる場所であることにも思いいたりました。刀の〝さや〟も、攻撃的なものが納まる、戻っていく場所です。小さな頃からインテリアが好きで、それも家具のスペックより、場の調和やスタイリングの中にある精神性に惹かれていた私。心が落ち着くサンクチュアリ、子宮のような場所を求めていたのだと思います。それが自分の名前に現れていたことは意味のあるシンクロニシティでした。

このとき気づいたのは、私のオーラソーマのバースナンバーのイクイリブリアムボトルが31番の「ファウンテン」であり、そのテーマが「自分自身の空間を見出すことからの知恵」であること。当時の取材メモによると、「このボトルのイメージは、水のあふれ出す泉です。ゴールドの知恵があふれ出し、グリーンのハートを通して、ほかの人々と分かち合うさまを表しています。また、自分のパワースポットを見つけられるようにサポートします。パワースポットは自然の中にあり、その場所では満ち足りた気分になり、つながっていることを実感できます」とありました。

自然の中にあり、水のあふれ出る泉があるパワースポット。これは、沖縄の何もない聖地、御嶽のことではないかとすぐにピンと来たのですが、「自分自身の空間を見出す」とは占星術も連想させます。ホロスコープは心の空間であり、ホロスコープにも部屋があるからです。また私はずっとインテリアなど空間の取材をしていました。人生で何千回、何万回、「部屋」という単語を入力しただろうと思うくらいです。「斎場御嶽」で自分の名前の秘密を知るのと同時に、「Ｓａｙａ」という名前で、星のメッセージを翻訳する仕事も始まりました。「女神という女性性の秘密」「自分にとっての聖地の秘密」

「名前の秘密」……これらをざっくりとでも理解したとき、無理なく人生の次の章がひらかれた、そんな感覚があるのです。

ちなみに、「さや」という言葉は、インドネシア語では「アイアム」を、タガログ語では「幸運」を意味するそうです。私の昔のホームページのドメインは、「sayasaya.net」をたまたま取っていたのですが、「私は幸せです。ここは幸せの場所です」という意味が知らずに入っていたのかと、名前の秘密に打たれます。

「斎場御嶽」は、琉球王朝のお姫さまが聞得大君になる場所です。ただの女の子から力を得て、生まれ変わる場所。現代でも、訪れた女性が自立する力を授けてくれる場所だと思っています。私もセッションを通じて、その人が心の空間を見出し、女の子を卒業して自立していくためのお手伝いをしているように思うのですが、その力は、斎場御嶽で分けていただいたのかもしれません。

実際に、この頃の私の星占いを読んだ方は、「神社を訪れたような気分になる」、「きれいな水を飲んだように、心がスーッとする」。そんな表現をよくされていました。たくさんの人の心に水を届けるお役目があるのだろうかと思ったことでした。

聖地での不思議なビジョン

　聖地ではシャーマンの女性に案内していただいたのですが、不思議なことはある朝、岬の突端で起こりました。シャーマンの女性に言われるまま、朝日のほうを向き、額の前に両手で三角形を作って、その中に朝日が射し込むようにすると、首のうしろで、シャーマンが文字でも書くように指を動かしたのです。触られてはいないのにエネルギーを感じました。すると、チャクラをひらいてくれたのか、朝日の中、空いっぱいに文字やシンボルマークのようなものが現れ、踊るように解放されて跳ねまわりました。オーラソーマのイクイリブリアムボトルのような鮮やかなカラーの光のシンボルが何色も空に広がり、何と表現したらいいのか、祝福の打ち上げ花火のように勢いがあるそのビジョンは、おそらく五分くらい続きました。あとから考えると、あれは十二星座のシンボルマーク。さそり座が、おとめ座が、やぎ座が……光の中でダンスをしていました。『ＥＬＬＥ（エル）』の星占いの連載の打診をいただいていた時期でもあり、「これは決まる」と確信させられた天のメッセージのようでもありました。

　シャーマンの女性は、「あら、あなた見えるの？」とつぶやきます。同じ儀式を経験しても、一緒にいた沖縄のカメラマンは何も見えなかったのでした。シャーマンの女性によると、「この儀式を経ても、見える人と見えない人がいるの。見える人は、地球や自然のことを真剣に考えている人が多いし、今、見えたものは、あなたへのメッセージだから大切にしてね」とのこと。職業にできるほどのレベルではないですが、少しだけ霊的な力があるようなので、そのせいだったのか。沖縄では精霊に出会ったり、地縛霊を感じたりと何度かスピリチュアルな経験をしているのですが、その始まりとなった出来ごとです。

この体験以降、日の出や黄昏どきなど、やわらかな光の中に文字のようなものが見えるように。三重・志摩の的矢湾の宿では太陽から人のようなビジョンが現れたこともありました。「頭がおかしくなったのかしら」と思うくらいでしたが、のちにサイキックのゲリー・ボーネルのセッションで、「第三の眼がひらいている」と言われたところからすると、やはり、あの沖縄での儀式によってチャクラがひらかれたのでしょうか。

罔象女神《ミズノハノメガミ》へのご挨拶

聖地の取材から少しあと、2009年のことになりますが、沖縄の知人に風水が見られるというユタさんのところに連れていかれ、「生まれたときに近くの弁天さまにご挨拶をしていないから、弁天さまが怒っていらっしゃる。早くご挨拶をしたほうがいい」と言われたことがあります。半信半疑ながら、気になることは必ず調べるのが私です。実家の近くに弁天さまを探したところ、弁天さまは水の女神さまですが、生まれ育った町には水の女神である罔象女神《ミズノハノメガミ》さまを祀る、その名も水神社というお社があることがわかりました。

多摩川の上流の奥多摩の鳩ノ巣には本社である水神社があることも知り、第一章でも書いたように、たまたま奥多摩の美術館に行くという母と連れ立って出かけることになりました。鳩ノ巣に着くと、母は涼しい顔をして、「あなたがお腹の中にいるときにお父さんとここに来たのよ。お参りはしなかったけど、お蕎麦は食べたわ」と言うではありませんか。ユタさんの言うとおり、確かにご挨拶していません。お蕎麦だけ食べて、神社に行かないなんてと今の私なら思いますが、高度経済成長時代の若い夫婦なら、きっとそんなものですね。

それまで、東京の多くの人がきっとそうであるように、私もまた生まれ育った土地に対して、豊かな生命の営みがあるところというよりは、単なる「住所」、命のない無機的なプラットフォームのように感じていました。祖父母が幼い母たちを連れて、世田谷から疎開した先。祖父が死んで、祖母と子どもたちがそのまま住み着いてしまっただけだったため、家族の誰も特段、住んでいる土地に愛着を持っていなかったのです。

物心ついた私の前に広がるのは、人工的な、開発された町並み。母が幼い頃のトトロが出てきそうな武蔵野の森も、暗闇もなかったことも大きいと思います。父親を早くに亡くし、自分のルーツと離れていた母はどこかよるべない気持ちが抜けず、その潜在意識を私も吸収していたのかもしれません。社会は安心して出ていけるところではなく、どこか遠くにある、「家庭とは違う、怖いもの」だったのでした。でも、その土地で生を受けた小さな命のすべてを女神さまが見守ってくれていると考えると、私は武蔵野台地の土で、多摩川の水で作られた生き物なのだと安心できる気がしたのです。

聖地とはパワーをもらえるところですが、それは、遠いどこかとは限りません。私も、「青い鳥は足もとにいた」と言うように、地元の女神さまである罔象女神にたどり着きました。

代々、同じ土地に先祖が住んでいたという人だと、故郷そのものがきっと聖地となり、故郷を離れていても、パワーをもらえるのだと思います。でも、私のように、母が小さい頃に疎開しただけとなると、その土地とのつながりは曖昧になる。いえ、本当は土地や精霊の側では応援してくれているのに、自分だけが気づけないということが起こる。すると、人は時に宙ぶらりんに、透明な存在になります。精神的にぐらついているように感じるとき、先祖や土地とのつながりが弱まっているのかもしれないと自分の内面を見られるようになりました。

２００９年は、水とのつながりがとても強い年でした。個人ブログに当時、影響を受けていた中沢新一さんの著書、『アースダイバー』（講談社）と縄文の聖地である「ミサキ」や湧水について書いているので、そちらも引用しておきます。

2009.11.24

ワークショップで、好きな本として、

中沢新一さんの『アースダイバー』を持参した人がいた。

彼女もいて座水星。

縄文時代に思いを馳せるなんていうのは、とてもいて座的。

私も随分前にさらっと読んではいたのだが、ふと思い出して読み返す。
これも、いて座水星的な読書。

東京の地形とカルチャーが縄文時代のそれを色濃く残している。
端的に言うと、それがこの本の特徴。
私も、2006年頃からいろいろシンクロニシティが起こって、
急に縄文好きになったひとり。
長野の尖石の「縄文の女神」に似ていると言われたのがきっかけだ。
なかなかチャーミングな土偶なので気に入っているのだけど。
フランス好きのオリーブ少女だったにも関わらず、
年を追うごとに、自分のなかの縄文性というか、
プリミティヴな部分が色濃くなっている。

以前、読んだときも思ったのだが、

ひとり暮らしをしてから私が住んだ場所は、
ほとんど「第一章　ウォーミングアップ」の地図の中に収まる。
中央線沿線と代官山〜中目黒界隈。

だいたい、私の引っ越し歴はすごい。
西荻窪↓中野↓東高円寺↓中野富士見町↓新高円寺。
そして、
中目黒↓渋谷（代官山エリア）。
ひとり暮らしも長いので、もう七軒も住んでいるのだ。
でも、なぜか同じあたりをぐるぐる。

ほとんどの場合、
縄文時代当時のフィヨルドのような地形の、「ミサキ（岬）」に
ごく近いところに住んでいる。
ミサキは、洪積層の台地（当時の海岸線）と沖積層の砂地（当時の海）が接するあたり。
そのミサキは、中沢さんによると「聖地」なのだけど、

台地の側の場合もあるし、砂地にちょっと入り込んでるかな、という場所もあるが、私なりに、「ここは住める」とか「住みたい」とかの空気感があって、それなりに気のいい場所を選んできたのだなあと。

縄文人のミサキの感覚に通じるような、眺めのよい部屋がこれで三軒目。
独特の抜けるような感覚があって、
西新宿の夜景が見える部屋は、富士山も見えたし、
中目黒の部屋は、家の向かいにマンションが建つまでは空に浮かんでいるようだった。
今の部屋は、本当に当時のミサキを彷彿とする地形で、
ここを訪れた人はみな、渋谷の雑踏とのあまりの違いにビックリする。

ほかの部屋も、ミサキからちょっとだけ引っ込んだようなところが多い。
そういう場合は、これも独特の雰囲気のある、
静かな住宅街の、安心感のある土地に住んでいる。

部屋探しで、内装とかにこだわりがないわけではないのだが、

それより土地の空気を重視してきたなあと改めて気づいた。
そういうミサキにはいい湧水がいくつもあったそうである。
いまだにそういう水の流れはどこかにあるはずで、
知らず知らず、水のよさそうなところを選んでいたのだな。

ずっと縁のある御茶ノ水もミサキだった。
そして、あまり下町のほうに行かない。
改めて全体の地図を見ていたら、私の活動域のほとんどは洪積層だ。

東日本のサムライと縄文文化の関係も、中沢さんは書いている。
私の血の半分くらいはサムライなので、
なんだか縄文っぽいのはそのせいもあるのかなあ。

折口信夫の「水の女」

折口信夫の「水の女」という文章に出会ったのも、罔象女神について調べていたときのことでした。

このあとに出てくる父のルーツである愛知・一宮の真清田神社の境内には服織神社というお社があり、萬幡豊秋津師比売命《ヨロズバタトヨアキツシヒメノミコト》という女神さまが祀られていました。有名な七夕祭りのときにはここで御衣奉献祭が斎行されると言います。

私が生まれ育ったエリアは日本一の蚕の産地だったそうですし、産院のある隣町では七夕祭りが有名でした。神さまを訪問していたときも、ご先祖探しでも、織姫がよくモチーフとして現れます。折口信夫によると、すべてが「水の女」につながっていくのでした。「古代研究Ⅰ祭りの発生」（中央公論新社）より、一部を引用しましょう。

*

ゆかは（※不意に湧き出した聖なるお湯）の前の姿は、多くは海浜または海に通じる川の淵などにあった。村が山野に深く入ってからは、大河の枝川や、池・

湖の入り込んだところなどを択んだようである。そこにゆかはだな（湯河板挙）を作って、神の嫁となる処女を、村の神女（そこに生まれた者は、成女戒《せいじょかい》を受けた後は、皆この資格を得た）の中から選り出された兄処女《エヲトメ》が、このたな作りの建物に住んで、神のおとずれを待っている。これが物見やぐら造りのをさずき（また、さじき）、懸崖《カケ》造りなのをたなと言うたらしい。こうした処女の生活は、後世には伝説化して、水神の生け贄《にえ》といった型に入る。来るべき神のために機《はた》を構えて、布を織っていた。

神御服《カムミソ》はすなわち、神の身とも考えられていたからだ。この悠遠な古代の印象が、今に残った。崖の下の海の深淵や、大河、谿谷の澱《よどみ》のあたり、また多くは滝壺の辺などに、筬《おさ》の音が聞える。水の底に機を織っている女がいる。若い女とも言うし、処によっては婆さんだとも言う。何しろ、村から隔離せられて、年久しくいて、姥となってしもうたのもあり、若いあわれな姿を、村人の目に印したまままゆかはだなに送られて行ったりしたのだから、年ぱいはいろいろに考えられてきたのである。村人の近よらぬ畏《おそろ》しい処だから、遠くから機の音を聞いてばかりいたものであろう。おぼろげな記憶ばかり残って、事実は夢のように消えた後では、深淵の中の機織る女になってしまう。

七夕《たなばた》の乞巧奠《きこうでん》は漢土の伝承をまる写しにしたように思うている人が多い。ところが存外、今なお古代の姿で残っている地方地方が多い。

たなばたつめとは、たな（湯河板挙）の機中にいる女ということである。銀河の織女星は、さながら、たなばたつめである。年に稀におとなう者を待つ点もそっくりである。

（中略）

ひさかのた天《アメ》かな機。「女鳥《メトリ》のわがおほきみの織《オロ》す機。誰《タ》が料《タネ》ろかも。」

記・紀の伝えを併せ書くと、こういう形になる。皇女・女王は古くは、皆神女の聖職を持っておられた。この仁徳の御製と伝える歌なども、神女として手ずから機織る殿に、おとずれるまれびとの姿が伝えられている。機を神殿の物として、天を言うのである。言いかえれば、処女の機屋に居てはたらくのは、夫なるまれびとを待っていることを、示すことにもなっていたのであろう。

天孫又問ひて曰く、「其秀起《カノホダ》たる浪の穂の上に、八尋殿《やひろどの》起《タ》て、手玉《タダマ》もゆらに織《ハタ》紝《オ》る少女《ヲトメ》は、是誰《これた》が子女《ムスメ》ぞ。」答えて曰はく、「大山祇《おおやまつみ》ノ神の女等、大《エ》は磐長《いわなが》姫と号《ナノ》り、少《オト》は、木華開耶《このはなさくや》姫と号《ナノ》る。」……（日本紀一書）

これは、海岸の斎用水《ユカハ》に棚かけわたして、神服《カムハタ》織る兄《エ》たなばたつめ・弟《オト》たなばたつめの生活を、ややこまやかに物語っている。丹波道主貴の八処女のことを述べたところで、いはなが媛の呪詛は、「水の女」としての職能を、見せていることを言うておいた。このはなさくや媛も、古事記すさのをのよつぎを見ると、それを証明するものがある。すさのをの命の子やしまじぬみの神、大山祇神の女「名は、木花知流比売《コノハナチル》」に婚《ア》うたとある。この系統は皆水に関係ある神ばかりである。だから、このはなちるひめも、さくやひめとほとんどおなじ性格の神女で、禊ぎに深い因縁のあることを示しているのだと思う。

*

文章の中には菊理姫も罔象女神の系列だとあったので、木花開耶姫、菊理姫、罔象女神、そして織姫など、あちこちで出会ったご縁のある女神さまの物語がひとつの「水の女」という像に結びついていったのでした。

星の文章を書くという仕事も織物を織る作業に近いと書いたように、織り機がパソコンに変わっただけで、縦糸と横糸を交差させ、運命を紡いでいるのです。これは、ギリシア神話の「運命の三女神」にも通じますね。処女の女神たちというのも、私の生まれ星座であるおとめ座のようでした。

私の生まれたときのホロスコープでは1ハウスにいて座の木星や海王星、また3ハウスのみずがめ座の火星、7ハウスのふたご座の土星、11ハウスのてんびん座の天王星の風のグランドトラインもあり、中性的なところもあります。反面、8ハウスのかに座の月は、非常に女性的であり、水のエレメントの星座。おとめ座の星たちには処女性もあり、「水の女」そのままです。こちらには、プリミティヴな「縄文の女神」とは違う癒されていない女性性として、自分の中に共鳴するものが感じられたのでした。

両親への聞き取り

沖縄の聖地取材の帰り道、胸に宿った「私のご先祖はどんな人たちなんだろう？」という問い。父方も母方も、祖父が早くに亡くなっていて、あまりルーツを知る人がいない。ひとまず父の父方と母方、母の父方と母方。四つあるはずの筋を手当たり次第、調べていくことにしました。でも、この時点で双方の祖母も亡くなっていたので、両親に聞くしか手立てはありません。

改めて聞いてみると、父は川崎生まれ。戦争が激しくなり、子どもが三人いたサラリーマンの祖父も衛生兵（看護兵のこと）に取られて、感染症のため、昭和二十年の10月に外地で亡くなっています。祖母の実家が現在の栃木県日光市だったので、祖父の出征に前後して、家族で疎開したこと。父親が亡くなったので、そのまま栃木で育ったこと。疎開するときに祖母の実家の戸籍に入ったこと。祖父が徴兵されて亡くなったのは知っていましたが、子どもの頃から家族で帰省していたのは栃木なので、父が川崎生まれで、もとの苗字は違ったとか、知らないこともたくさんありました。

父の母方は、江戸時代から、京都と日光を結ぶ例幣使街道沿いに住んでいて、今も大きな門が残っています。その昔は一帯の庄屋で、江戸時代は例幣使や従者を泊めるような陣屋もやっていたということでした。戦後、縁が切れてしまった父方の曽祖父は、愛知の一宮の石炭問屋の息子で、明治になって東京に出てきて、浅草で日吉屋という蕎麦屋をしていたこと。これも、今まであまり聞いたことがない情報でした。

母方も、祖父は昭和二十年の6月に、母がまだ二歳のときに結核で亡くなってしまったので、わかることと言えば、岡山の小さな藩の家老だった一族で、曽祖父は病気で早死にしてしまったこと。祖父は、慶應の中等部を中退し、東京・広尾から小石川あたりに越して、母親と妹を働きながら養っていたこと。勤めていたのは大手町の神戸新聞の支社。祖母の父親、私にとって曽祖父に当たる人は名古屋から出てきて、下宿先だった江戸の旗本の娘と結婚後、深川で大きな鉄工場を営み、ＳＬの部品を作っていたこと。関東大震災までは羽振りがよかったことなどでした。祖母の娘時代は、家には丁稚さんが何人もいて、白木屋で振袖を作ってもらったり、お茶やお花を習ったり、とても大事に育てられたものだそうです。母が二歳のときまでは世田谷にいた祖父母は、戦況が激しくなるとともに、富士山の見える多摩地域に疎開。それも、この曽祖父がその地に別荘を持っていたからでした（関東大震災以降、東京のお金持ちの間では地盤の固い多摩地域に家を持つことが流行っていたそうです）。祖父が亡くなったことから、祖母も子どもたちも世田谷には戻れなくなってしまったのでした。

こうして俯瞰してみると、栃木と東京、ルーツも農家と武家と、性格もカルチャーも全然違うと思っていた両親の運命が奇妙に似ていることに驚きました。戦争中、多摩川のほとりに三人きょうだいの真ん中の次男次女として生まれ、幼児のうちに家族で疎開。さらに、父親が昭和二十年に亡くなったのも、成績はよくてもひとり親では経済的には厳しく、高校までで働きに出たのも同じなら、三人きょうだいの真ん中で、同性のきょうだいが上にいて、異性のきょうだいが下にいるのまで同じなのです。

すぐにご先祖さまについてわかることはありませんでしたが、祖父母について聞くことは、すなわち両親の思いを確認することになりました。父親が早くに亡くなり、生活のために母親が忙しく働く中で、どこか孤児のような感覚で育ったふたりがどんなに一所懸命、自分たちの家庭を作ろうとしたのか、その気持ちがひしひしと伝わってくるのでした。その両親の真面目さや誠実さに甘えて、わがまま放題だった自分を反省する機会にもなりました。両親への理解や愛情が深まるのも、ご先祖さま探しの思わぬ効用と言えるかもしれません。

「お墓に足守藩って書いてある」

それ以上のことは両親に聞いてもわからず、栃木や愛知にすぐに出かけていくわけにも行かなかったのですが、そのうち母がおばからの情報として、「広尾の天現寺にある祖父のお墓に足守藩と書いてある」と教えてくれました。足守藩についてネットで調べると、現在の岡山市北部にあった小さな藩で、豊臣秀吉の奥方であるねねさまの実家、木下家が藩主であるとウィキペディアには出ています。木下家とは当然ながら、豊臣秀吉が豊臣姓を朝廷から賜る以前に名乗っていた木下藤吉郎に由来していて、足守藩は、代々、ねねさまの兄の家系が継いでいると言います。

「岡山の小さな藩の家老だと聞いた」という母の記憶とも一致する内容ですが、木下の本姓は江戸時代を通じて豊臣です。「ご先祖さまは、明治まで豊臣家の家老だったの⁉︎」と驚いたのは言うまでもありません。歴女と言うほどではありませんが、大学受験では日本史を専攻していましたし、永井路子さんなどの歴史小説を夢中で読んだ時期もあるので、俄然、興味が出てきました。

さらに検索すると、上村霽巳という人物が足守の家老、木下家の家令や家扶として出てきます。もしかしたら、この人がご先祖なのかなと思いつつも、それ以上は、調べる方法もわかりません。母によると、母の弟のところに家系図はあったという話ですが、忙しくてなかなか見に行く暇もありません。時たま足守藩についてネットで調べては、いつかは岡山に行ってみたいなあと思うくらいが関の山でした。

それでも、先祖とは自分ごとですから興味は消えず、父方は愛知の一宮から出てきたというので、伊勢神宮のご参拝のついでに、一宮の真清田神社にお参りをしたことも。またシンクロニシティもありました。母方も父方も、明治になって名古屋から出てきた人たちだというので、「名古屋について知りたい！」という思いが心に宿ると、翌月には名古屋の老舗の和菓子屋さんの雑誌を作るお仕事をいただき、創業時からお付き合いのあったという尾張徳川家について調べることになりました。その和菓子屋さんの代々の年表を作ったのですが、徳川家に引き立てられ、華々しく活躍した代もあれば、立て直しに奔走した代も、戦争と空襲で焼け出された代もある。名古屋の歴史を知るにはこれ以上ないお仕事でした。そんなこまごまとした努力を続けていると、また奇妙な出来ごとがありました。

一宮からの不思議なメール

2009年の9月9日、ホームページのコンタクトページから、「このホームページを読んでほしい」というメールが読者の方から舞い込みました。そのやりとりをご紹介しましょう。

愛知県に住みます雪と申します。
「エル・オンライン」のSayaさんのブログ、『乙女なスピリチュアルDays』を、いつも楽しく読ませていただいています。メールをお送りしたかったんですが、こちらでよかったですか。

『ずっと、やりたかったことをやりなさい』は私の大好きな本で、ブログで取り上げてみえた時には、よくぞ、良本を取り上げてくれたとうれしかったです。その後、「重版がかかった」というのには、ちょっと、ひっくり返りそうなくらい驚きました。

京都のヒーラーで、Aさんという方がいるんですが、彼女は、あちこちの土地へ行って、土地の浄化をしています。私は、歴史や神様の名前に疎いんですが、それらがとても身近に感じられるようになる旅日記として、時々ふらっと訪れては、まとめ読みさせてもらっています。バックナンバーが大量にあるので、容易にさかのぼることができず、先日、私が読んで興味深かった記事をリンクします。「豊臣一族と京の町衆のトラウマ」という記事です。

確か去年、セオリツヒメのことが、しょっちゅう出てきたような。封印されていた神さまとして。もし読まれてみたら、おもしろいんじゃないでしょうか（もうご存じでしたら、それとも、お口に合わなかったら、ごめんなさいね）。今は、シャスタ山に行っているようです。

コノハナサクヤヒメは、「オーラの泉」で出てきたので、知りました。こちらは、意外と知っている人は多いかもしれませんよね。あれは、長島一茂さんの回だったと思います。彼があの椅子に座った途端、バックに富士山がそびえ立ち、着物をきて扇子かなんかで顔を隠した女性が現れ、桜がはらはらと舞い散り、その映像に、しばし江原さんは見惚れてしまったのだと、あとで言っていました。「お父さんもあなたも、富士の浅間神社からくるコノハナサクヤヒメに守られ、可愛がられているんですよ」と伝えていました。

それでは、失礼します。

この雪さんが教えてくれた記事は、文禄四年（１５９５年）８月２日の昼下がり、京都の三条大橋西南の河原で起こった悲劇的な事件について触れていました。木屋町通りに現在も瑞泉寺という小さなお寺があるのですが、このお寺の縁起を京都の人たちが無意識に避けているのではないかとあります。

事件の概要をお話しすると、実子に恵まれなかった秀吉が甥の秀次を関白太政大臣に任命した時期がありました。でも、淀君に子どもが生まれると、秀次は、高野山に幽閉後、自害させられてしまったのです。自害は7月15日のことですが、8月2日には秀次の家族は市中引きまわしのうえ、当時、刑場だった三条河原に運ばれ、側室や侍女と子どもたち三十数名の命が絶たれることになりました。十六年も経ってから、京都の豪商、角倉了以が秀次の一族の供養のために、瑞泉寺を建立したとのことでした。

この事件は、間接的に経験した京都の人たちの心にも大きなトラウマを作り出し、封印してしまったというのがこのヒーラーさんの考え方でした。この事件に関係のある魂は、悲しみのエネルギーや言い得ぬ無力感を持つ方が多いというのです。たくさんの読者の方からメールをいただいていた頃。普段なら、わざわざ見に行かなかったかもしれませんが、母方の先祖が秀吉の奥方であるねねさまの実家、木下家の家老だったと知ったあとだったので、記事を見て、ひとまず、ねねさまはあずかり知らぬことだったのだろうと安心しました。

私からのお返事もご紹介しましょう。

雪さま
こんにちは
雪さんのような方ならおもしろがってくださると思うので、簡単に書けるかわからないのですが、書いてみます。

この数年のスピリチュアルな旅を通して、自分のルーツを探すことにもなったのですが、実は、母方のルーツが岡山のほうの小藩の家老の家だと聞いていました。祖父は戦時中に亡くなっているので、それ以上のことは知りませんでした。明治になって没落していますし、家系図があるらしい、と聞くくらいでした。ご先祖さまのことが気になり出し、この数年で調べたところ、豊臣秀吉の正妻のねねの兄の木下家が藩主である、岡山の足守藩だとわかりました。

昨日、雪さんが選んでくださった記事が、秀次公の冤罪の話でしたよね。私は、受験は日本史専攻だったのですが、戦国時代はあまり好きではなくて、このあたりの話はうろ覚えでした。ねねのことをもう一度、調べてみようかなと、さらにあのブログを読んでみて、ねねの生みの親は木下家だけれど、育ての親の浅野家の浅野城は当時、愛知県一宮市にあったと読んで、本当にビックリしました。

父方のルーツが愛知県一宮市なのです。父と母は、東京のお見合いで知り合っています。父方も、祖父は戦時中に亡くなっているので、こちらの親戚とは戦中の混乱で音信が途絶えています。でも、私は、一宮の真清田神社へお参りに行ったりしたのです。東京出身の母と、川崎で生まれ、日光で育った父が知り合ったと思っていたのに、ふたりには共通してルーツには一宮があるというのが判明した事実でした。

母には名古屋商人と江戸の旗本の血も入っているとはわかっていました。足守藩も、江戸も、尾張の延長のようなもの。私の血の大部分は尾張なのだなあと思ってはいたのですが、それが一宮でつながるとは。日光も家康のお膝元だし、私が生まれ育った場所も水の聖地で幕府の直轄領でしたし、ご縁というか、守られているものを感じます。

瀬織津姫＝卑弥呼という説もあるようです。尾張の祖のニギハヤヒと瀬織津姫も縁があるようなことを書いてあるブログもありました。

私はいろいろ見えるわけではないけれど、どうも卑弥呼っぽいところがあるのかもとは薄々思っていて、古代の血が突然、二十一世紀に強く出たのかしら？　とか。もしかしたら、血の中に瀬織津姫が入っている可能性もあるのかなあ、なんて妄想もしています。

そもそも、「ねね」さまはどんな人なのか？　淀の君も、悪役として描かれてはいますが、本当はどんな人なのかな？　と気になるところです。

父の一宮のルーツは後藤というらしいのですが、秀次公の子供で、赤ん坊の女の子だけは尾張の後藤さんに引き取られた、というブログもありました。まあ、そこまでシンクロはないと思いますが、父のご先祖さまだったら、ものすごくおもしろいなと思ったり。

昨日は、渋谷の氏神さまかもしれない渋谷氷川神社も発見し、それが広尾だったので、その足守藩の下屋敷が麻布にあったのも知りました。有栖川宮記念公園の木下坂が木下家から来ているとわかりました。母方の菩提寺は広尾の天現寺なので、きっとこのあたりに住んでいたんだろう、と思っていたのですが、やっとハッキリしたわけです。今の住まいが偶然、渋谷の南平台なのですが、「これももしかして、ご先祖さまのお導き？」

と思い、なんだかうれしくなりました。

突然、長々とごめんなさい。昨日、父の退院の説明を聞いたあと、母と妹たちと御茶ノ水の山の上ホテルでごはんを食べたのですが、そもそも、私のルーツの探求が始まったのは、山の上ホテルで江原さんを取材してからなんです。なんだか、いろいろなことが一段落した感じがします。それで、興奮してしまいました。いつかちゃんと記事にも書きたいと思います。

お返事をした日のブログにはこう書いていました。

2009.9.11

愛知県一宮市が父のルーツであると知ったのは数年前。

戦死した祖父のルーツらしく、音信が途絶えているので、親戚などは知らない。

でも、去年、名古屋取材のついでに一宮へ出かけ、真清田神社へ参拝してきた。
全国で神社を意味する「一宮」が
正式な市の名前となっているのはここだけだし（町はある）、
「自分のルーツの神さまにお参りしなくちゃ」と思ったのだ。

そして、一昨日、「エル・オンライン」の読者の方がメールをくださって、
そこからあるブログを見に行き、もうひとつの事実も判明した。
母方のルーツも、一宮に縁があるようなのだ。

母方の祖父は、岡山県足守藩の江戸家老だったらしい。
祖父は戦中に亡くなっているので、
これも、この数年のルーツ調べでわかったこと。
藩主の木下家は、あの豊臣秀吉の奥方、ねねの兄が初代。
そこの家老なのだから、尾張の人なのかもしれないなあとは思っていたのだけど、
ねねの養家、浅野家が一宮ルーツだと一昨日、わかったのだ。
さらに、木下家のお屋敷が広尾にあったこともわかった。

有栖川宮記念公園の木下坂がそれ。
祖父の菩提寺は広尾の天現寺なので、近くに住んでいたのだろうとは
思っていたけれど、これで確信になった。

母方の祖母は深川生まれだけど、江戸幕府の旗本と名古屋商人の家系なので、
こちらも結局は尾張。
世田谷生まれの母はまるごと尾張だったわけである
(三河の血も入っているかもしれないが)。

最近、マイブームの瀬織津姫だが、スピリチュアルワールドでは、
アマテラスが男神のアマテルで、その奥さんという説がある
(史実や一般的な記紀の解釈とは違う、隠された神といわれる)。
アマテル＝真清田神社のご祭神のアメノホアカリノミコト（ニギハヤヒ）
とも言われているようだ。
私が瀬織津姫になぜだか惹かれるのも、そういうわけだったのか、
と結びついて、またビックリ。

アマテルと瀬織津姫は、織姫と彦星のようでもあるし、
私の生まれた病院がある町も一宮も、七夕祭りが有名な土地。
瀬織津姫がずっと守ってくれていたのかなあと想像すると、なんだかうれしい。

親戚を見渡しても、趣味人はいても、職業としては公務員や会社員が多く、
私の巫女っぽいところはどこから出たのか？　と謎だったけれど、
折口信夫の「まれ人」ではないけれど、古代の血が突然出たパターンなのかも。

雪さんからのお返事です。

Ｓａｙａさま

読ませていただいて、とても驚いてしまいました。
なぜかというと、内容もおもしろかったのですが、それに加えて、

Sayaさんが衝撃を受けたという、この件。

私、生まれも育ちも、愛知県一宮市なんですっ！

ですから、ひえ～でした。

一体、この衝撃を誰が理解してくれるだろう。PCの前で、ひとり固まっていました。

ちなみに、私が卒業した高校は、22号線という大きなバイパスに、その名も「浅野」という交差点があるんですが、そのすぐ近くの高校です。でも、お城があったというのは全然知らず、あのブログの記事で知りました。城のことは、地元の人間もあまり知らないことかもしれません。


ブログの豊臣家の記事は、そんなこととは露知らず、とにかく、ブログの紹介にはあれを使おうと決めていたんです。いや～、粋な計らいしますね、宇宙は。Sayaさん、一宮からも深く愛されているんじゃないでしょうか。ルーツの謎が解けてよかったですね。

あの記事に書いてあったでしょうか。ヒーラーのAさんの前世のひとつは、ねねです。ねねのこと、広島にいたときに浅野氏が私達を調べてほしいとコンタクトを取ってきたことが書かれています。

（中略）

私がエル・オンラインのＳａｙａさんのブログを見つけたときに感じたのは、「スピリチュアル＋おしゃれ」とか「スピリチュアル＋あやしくない」でした。『ＥＬＬＥ』という雑誌のポジションもあるんでしょうが、エリック・パールのリコネクションをこの人が書くと、こんなにあやしくなくなるんだ、流行りとして感じられるということに驚いたからです。私たちには「（スピリチュアルに関して）これはありだけど、あれはなしだよね」というボーダーラインがありますが、それ以来、Ｓａｙａさんのことをボーダーラインの人として、私の中では勝手にキーパーソンとなっています。

（中略）

あるリーディングで、大天使ハニエルから、あなたは人生の痛みや苦しみなどを、全部、人生の前半に持ってきている。タイムスケジュールに沿って、あなたは順調なのだと聞かされました。ハニエルは、「人間というのは、その人にとって一番大きなパワーであるものを、大抵は、非常に巧妙な形で封印して生まれてくる、そういう奇妙な生き物であると、私達は認識している」と言います。

そして、まずは自分でないものになり、そして自分に戻っていくという過程をたどること。この、自分に戻っていく過程で、価値観の転換が起こるのですが、価値観の転換には痛みが伴うということも言っていました。私は、何年もしていた自分探しで心が痛かったのはだからなのかと大きく謎が解け、安堵で泣いていました。そして泣きながら、人生の計画っていうのはそうなっているのかと、目からウロコをぽろぽろと落としていました。私が封印して生まれてきたものは、喜びでした。

Sayaさんからルーツという言葉を聞いた時、私が感じていたのは、キーパーソンが自分のルーツを探っているということでした。もしブログに記事が載ったら、たくさんの人がやり始めますよね？ すぐ始めなくとも、意識に残るじゃないですか。探っている人も話しやすくなるし。

私は、自分がつらくて、つらくて仕方なかったから始めたことと、恥ずかしいのもあって、周りの人間には一切言えませんでした。ですから、Sayaさんがブログにルーツの記事を載せることは、私にとっては、とても大きなことなんです。とは言っても、いつものように、書きたいものを書きたいときに、なにげなく載せてくださいね。完璧なシナリオに乗って、みんなの雛形であろうSayaさんがどこへ向かっていくのか、私も楽しみです。

この頃、Sayaは、東京の流行りもののようになっていたので、読者の方からのお便りはたくさんいただいていましたが、雪さんのメールはとても印象的でした。とくに、「みんなの雛形」という言葉は、私のやるべきことを端的に表現していて、長く頭にありました。私が出会うこと、書くことは、きっと私のことのようで、みんなのこと。みんなも感じていることを代わりにすくい上げ、世の中に出す役目があるのだなあと実感できたのです。それは、きっと今でも変わりません。

浅野氏を慰霊する旅

一宮からのメール以来、近いうちに足守にも行かなくてはと思っていたのですが、なかなか機会がなくて延び延びになり、実際に行けたのは一年後、２０１０年の秋でした。たまたま岐阜・多治見の岐阜県現代陶芸美術館で、陶芸家のハンス・コパーの展覧会もありましたし、父方は多治見にもいたことがあるようなので多治見にも行こう。愛知・一宮の浅野家の屋敷跡も行けるかもしれない。どうせなら、京都でねねさまにゆかりの高台寺にも寄ろうと、二週間くらいかけて、ご先祖の地を訪ねる旅を計画しました。結婚した今では考えられないですし、本当に酔狂なのですが、当時はまだ30代。時間も自分自身のエネルギーも無限にあったのです。

旅程は、一宮、多治見、京都（京都市と天橋立）、岡山（足守）、広島。広島は江戸時代に浅野家が領していた場所なので、一度も訪れていなかったことから原爆ドームをこの旅に加えました。

結果的に「浅野を尋ねる旅」になってしまったのですが、さらに興味深いことには、その数日前に突然、茨城県の笠間の陶芸家を訪ねる取材が入りました（当時は、占星術だけでなく、ライフスタイル分野の仕事もまだしていました)。

ロケバスの中で、「浅野を尋ねる旅」の話をおもしろおかしくスタッフにしながら、ふと「もしかして、茨城の笠間にも浅野家がいたりして」と調べてみると、本当に、笠間には浅野家が一時いたことがあり、のちに赤穂に入る「赤穂浪士」の浅野家だったのです。

なぜ浅野氏を慰霊する旅をしているのだろうと自分でも不思議な気持ちになりました。しかも、私の先祖は浅野氏の養女であるねねさまに仕えていただけで、浅野とは血のつながりはないはずなのにと。ただその前年だったか、熊本の阿蘇神社を訪れて浅野の家紋でもある鷹の羽紋を見たときに、「これ、知ってる!」と強く感じた経験があったので、浅野家へのシンパシーはありました。

「浅野の慰霊の旅」の途中、京都に立ち寄ると、時代祭りにも遭遇しました。私のやっていることも、時代祭りのように、現在から過去をさかのぼっているようで、何とも奇妙な感じでした。

当時の個人ブログから旅の気分がわかる日記をまた引用しておきます。

2010.10.19

わが家には2500年前のギリシアの女神像がある。
基本、アンティークは念がありそうで見ているだけなのだけど、
この女神は大切にされてきた感じがあって、
守り神として、いてもらっている。

この女神を見つけた青山のギャラリーで女主人に勧められたのが
ハンス・コパー展。
必ず行くと言っていたのに東京は終わってしまい、
兵庫も終わってしまった。

するとその話を聞いたキュレーターのお友達が
ハンス・コパーの岐阜の巡回展のチケットをわざわざ送ってくださった。
多治見の現代陶芸美術館だったので、
名古屋からすぐだし、ついでに関西にも足を伸ばして、

気になっているところをまわろうと、
いろいろくっつけて旅することにした。

ハンス・コパーはすばらしかった。
洗練されているのにプリミティヴで、
祈りが込められているように静かだった。

タクシーの運転手さんがおもしろい人で、私の雰囲気からか、
「百草に行くんじゃないの」と言われ、
安藤雅信さんの「ギャルリ百草」が多治見だったことを思い出し、
急きょ、帰りに寄る。
とても気持ちのいい空間だった。
古民家に住むのはやってみたいことのひとつだ。
きれいな奥さまも話しかけてくださった。

カフェで旭川の「北の住まい設計社」さんのことを思い出していたら、

名古屋の「北の住まい」さんのチラシが置いてあった。
新人の頃、取材に行って、カール・ラーションの生活のようだと言ったら、
アシスタントに過ぎなかった私に、ラーションの画集をくださった奥さま。
二年前にお邪魔したきりなので、そろそろ遊びに行きたいなあ。
その土地から生えたような生活の店というのは、
店の域を超えて、訴えかける力があると思う。

話がずれたけれど、ハンス・コパー展、
「ギャルリ百草」と組み合わせて、お出かけあれ。

2010.10.21

旅をしながらリアルに文章を書くのは初めてかもしれない。
一種の紀行文?
なんて、そんなにカッコいいものではないけれど。

昨日は丹後に足を伸ばし、天橋立の「文殊荘 松露亭」に泊まる。
文人が泊まるような、有名なお宿らしい。
私の普段の予算からすると少しお高めなのだが、
たまにはと思い切った。

実際、とても素敵なお宿だった。
もちろん数奇屋づくりの建物も、お料理もすばらしかったのだけど、
なんだかすごくホスピタリティを感じた。
宿中の方がひとり旅の私を何くれとなく気遣ってくださるので、
とってもありがたかった。

お食事はお部屋出し。
小さなお部屋だけれど、窓からは天橋立が眺められる。
何より、心尽くしのおもてなし。
小さな折り鶴がそっとカードと一緒に乗せられているような。

アクセサリーを置きたい、と思うときちんと台があり、
ひとりでいても宿の人と会話をしているような気分になる。
お花の趣味もちょうどよくて、
大げさじゃないけれど、品がある。
湾でとったアサリですよ、うちで漬けているものですよと
気さくに声を掛けてくださるのだが、
ひなびた感じと雅な感じの兼ね合いもこなれていた。

宿の方たちも個性がはっきりしていて、
もっともっと語らいたくなるような。
図書室では今の興味にぴったりの本もあって。
「横尾忠則さんがいらしたときも欲しい本があるっておっしゃったけど、
絶版なことが多いのよ」と宿の方。

やっぱり泊まる人の「気分」をよくよく知っていらっしゃるんだろうなあ。
記憶に残るお宿だった。

2010.10.23

丹後を訪れたのは元伊勢の籠神社と真名井神社目当てだった。

そもそもは、父のルーツが愛知県の一宮にあると聞いたこと。
母方も、豊臣秀吉の奥方、ねねの兄、木下家の家老ということがわかり、
さらにねねの養家の浅野家も一宮だったと不思議な偶然で知り、
私の中で一宮が故郷のようになってしまった。

以来、一宮市の名前の由来ともなっている
尾張一宮、真清田神社へは何度も訪れている。
名古屋から十五分くらいなので、今回もお参りしてきたのだが、
ここのご祭神、天火明は、
アマテラス以前の太陽神ともいわれる、
おそらく縄文時代からの古い神さま。

その天火明が祀られているのが籠神社で、
真名井神社には豊受大神が。
ご存じの人も多いだろうけど、豊受大神は伊勢外宮の女神さまで、
そもそもは丹後に祀られていたのを伊勢に移したのだが、
おとめ座のデメテルやアストレイアとそっくりの神話を持ち、
農耕とともに、月や水とも関係が深そう。
豊受大神、瀬織津姫、木花開弥姫は
個人的にご縁のある神さまたちなので、
以前から気になっていて、それで旅してきたというわけ。
何ともマニアックなんだけれど、
ご利益があるからとかではなくて、
自分のご縁でたどる神社からは、本物のパワーをいただける気がする。

先祖の地である足守では、さらに不思議なことが待っていました。足守藩にある「ねね文庫」でお琴などねねさまの遺品を見ていると、ある女性がやってきて、スタッフと

話していました。私はそのまま出てきて公園のトイレに行ったのですが、出てくるとその女性が仁王立ちになって待っています。「ねね文庫で聞いたけど、ご先祖探しに来たって本当なの？」と言われて、「そうだ」と答えると、なんと彼女は、ねねさまの血を引く方だったのです。浅野の一族を慰霊したことで、ご先祖さまのお導きがあったのだろうか、と思ったことでした。

このときはほかにも偶然があり、「ねね文庫」には日置流の弓道の本が置いてありました。ねねさまの家は母方の祖父のルーツですが、実は、母方の祖母の弟、私には大おじに当たる人が日置流の弓道の名手で、早稲田や筑波で師範までした人だったのです。「祖父のルーツを尋ねていったのに、祖母の縁が出てくるの？」と不思議な気持ちになりました。

偶然はまだ続きました。実は、私が足守に行く前、父が「ラジオ深夜便で、弓の大おじさんのことを話している人がいたよ」と教えてくれていたのです。京都在住のアメリカ人の禅僧が、大おじさんに早稲田で弓を教わったと話していたのだそう。なんとその禅僧の上司である大学教授が私と同じタイミングで岡山に来ていて、講演会を聞けたのでした。なんとも言えない守護霊さんのいたずらですね。

そのときの個人ブログの日記です。

2010.10.23

母方の父方が上村と言って、備中足守藩の木下家にお仕えしていたと聞いて、
一度、訪れてみたかった岡山。

木下家は豊臣秀吉の奥方、ねねの兄の家である。
姓は豊臣で、江戸時代は徳川の嫌がらせをいろいろ受けたらしい。
そもそも、ねねの養家、浅野家が愛知の一宮にあったことも不思議なご縁で知り、
父のルーツも一宮だったので、俄然、興味を持ち、
「木下家を最後まで守ろうとした家来の子孫を
ねねさまが守らないわけがない」
と勝手に、ねねさまが守護してくださっているつもりになっていた。

うちの先祖は維新後も東京でお仕えしていたらしい。
広尾の天現寺が祖父母の菩提寺なのも、

有栖川宮記念公園の木下坂に木下家があったからだと思う。
天現寺には、江戸時代からのご先祖さまが眠っている。
江戸詰めとは別に、地元にも家臣の先祖が残っていることは、
ネットで調べて知っていたが、何のツテもないし、
親戚がいるわけでもないので、今回は足守の地を見るだけと思っていた。

そして今日。今も陣屋町が残る足守で、
「足守文庫」と呼ばれる資料館を尋ね、
偶然、ねねさまの子孫の方と知り合ったのである。
お忙しい方で、日中、地元にいることも珍しいようなのに。
こんなマニアックな話をわかり合える人もいないので、
午後中、いろいろお話ししてしまった。
これでは完全に取材のロケハンである。

いくら何でも、アポも入れずにやってきて、
歩いている人も少ない足守で、

子孫の方とお話しできるなんて思いもかけなかった。
さらに足守を守るために、いろいろやっていらっしゃる方で、
地域のお掃除なども率先されている。
本当に話を聞くなら、この方以外にはないだろう、という人だった。
「宝くじに当たるよりすごいわね」とは先方の弁。
私もそう思う……。

実は京都で、ねねさまと縁の深い高台寺や建仁寺もお参りしてきたので、
ねねさまが計らってくださったんだろうと
また勝手に思っている。

2011.1.8

ご先祖さま探しでわかったことがいろいろ。

以前から関西とのご縁が深くて親戚もいないのにと謎だったのだけど、

やっぱり足守が大きく働いているらしい。
江戸時代から東京にいたのかと思っていたが、
明治維新で殿さまについて東京に出てきたことがわかった。
江戸までの菩提寺は岡山の正覚寺というお寺だそうである。
お墓、まだあるのかなあ。
親戚もどこかにいるのかしら?

おもしろかったのは、こちらにつながる母の従兄弟のおじいさんも
大日本印刷の監査役だったのだそう。
昔から、凸版より大日本にお世話になることが多いのはそのせいか。
高祖父は白樺派の木下利玄(木下家の跡取り)の後見人だったことも
今回、文献が出てきて、ハッキリとわかり、
私の本好き、紙好きの血はここからかと妙に納得。

東京の片田舎に生まれて、何の情報もないのに雑誌や本が大好きで、
素敵なものに憧れた少女時代。

さすがに三十年も経つと大昔のことに感じられるけど、
理数は全然、ダメなのに国語だけは得意だったっけ。
母がやはり本好きで、短歌好きで、趣味のよい人で、
毎晩、読み聞かせをしてくれたことも大きいけれど、
やっぱり血なんじゃないかなあ。

木下利玄も結核で死んだそうだが（今の私と同い年！）、
うちの祖父も結核で終戦直前に死んでいる。
肺は悲しみの臓器だというけれど、
身分を奪われた元サムライの多くが栄養がないのも手伝って、
世をはかなんで、結核になったんじゃないかなあ。

そういえば、祖父の妹が「昭和キネマ」という映画のスタジオを
作った人の事務所で働いていたそうだ。
私の周りにも映画関係者がけっこういるのはこの人の血かな？

などなど妄想しているのは、とっても楽しい。
うちの母がきれいなものや現実的じゃないものが好きで、
私はその影響を多分に受けたのだけど、
母の姉や弟はもっと実際的で、こういう血がどこから来ているのか、
とっても謎だった。

でも、ここだったんだなあ。

大学時代、ベネッセの子会社でアルバイトしていたのだけど、
ベネッセの創立者も足守の人だと昨日、判明。
そういえば、高島屋系列の店でもアルバイトしていたし、
最後にいた会社も関西系だったっけ。
学習院も受かったけど、木下利玄も学習院だったわけだし、
今でこそわかるご縁がいっぱい。
面接や試験を受けて、受かったものって
ほとんど見えないご縁のたまもの!
本当にご縁で生きているんだなあ。

高台寺での法要と秀次事件

ねねさまの子孫の方によると、２０１０年の12月に、ねねさまの菩提寺である京都の高台寺での法要があるといいます。招いていただいたので、大勢の人が来るのかと東京から出かけてみると、足守でお会いした方ともうひとり、ねねさまの木下家の血を引く方、高台寺のご住職、それに私の三人だけでした。ここでも私は、「ねねさまとは血のつながりはないはずなのに」と不思議な気持ちでした。

そのとき私は秀次事件のことはすっかり忘れていて、高台寺に近いことから三条河原からすぐのホテルに泊まっていましたが、寝苦しい夜を過ごしました。東京に戻ると、京都に行く前にたまたま予約していた浄化のセッションが待っていました。

ヒーラーの彼女が私の自宅に来てくれて、一種の瞑想状態になって霊視を行い、見えたものを話してくれたのですが、「河原で武家の女の人と子どもが血だらけになって殺されているのが見える。それがさやちゃんの血の呪いになっている」と言います。ここでも、「浅野や木下とは血のつながりはないはずなのに、なぜ私の血の呪いなの？」と疑問でしたが、「もしかして、秀次事件のこと？」と言いながら、パソコンを操作し、ウィキペディアで調べました。私が「秀次は高野山で自害した」という部分を読み上げるのと、彼女が「尼さんが出てきて、高野山へ行けって言っている」というのはほぼ同時でした。つまり、ねねさまの霊が出てきて、「秀次事件の慰霊をしに高野山へ行け」とおっしゃっていたのだろうと今はわかるのですが、そのときは、まったく意味がわからなかったものです。ただ寝苦しかったのは、三条河原での事件のせいだったのだろうということだけを思ったものでした。

お江展と浄化

翌年の大河ドラマでは『江～姫たちの戦国』が予定されていたので、江戸東京博物館でも、それにちなんだ大規模展が行われていました。足守文庫にあるねねさまの遺品が出展されるというので、チケットをいただいて見に行ったところ、秀次事件で殺されたお姫さまのひとりの辞世の句が飾られていました。殺害される前に彼女が書いたそのままの実物です。いまだ染みついている怨念と恐怖があまりにも強く感じられたので、この人たちがまだ苦しんでいるなら、魂を助けなければいけないと思いました。

当時、あとでご紹介するヒプノセラピストの大槻麻衣子さんに、取材でお世話になっていました。彼女の夫の大槻文彦さんは、確か先祖の浄化もできるということだったので伺ってみると、２月にお会いできることになりました。これもたまたまなのですが、お会いする前日に渋谷の書店で普段、立ち寄らない歴史コーナーで『豊臣一族　秀吉を輩出した謎の系譜』という本を見つけたのです。秀次事件で亡くなった女たち、子どもたち、お付きの女中に至るまですべての名前がわかりました。その本をお持ちすると、私の話を聞いた文彦さんは、「日本全体に関わることで、あなたひとりのことではないから」とお金を受け取らずに浄化してくださることになりました。

松阪と京都の不思議な旅

しばらく経ったある日、足守を尋ねた頃からなじみになっていたある料理屋さんにいると、肩がものすごく軽くなりました。すると文彦さんから電話がかかってきて、「今、豊臣の浄化をしました」と言います。もちろん、すべては取り切れていないかもしれないのですが、私の「血の呪い」とやらが少し落ち着いたタイミングだったのかもしれません。

その晩は不思議なことだらけでした。その料理屋さんの主人は公家の血を引いていて、藤原道長が生きていたらこんなふうだろうという面差しの人物でしたが、電話を切って数分話をしたあと、なぜかその主人の松阪と京都の取材に私も同行することになりました。またなぜか「3月10日にこのお店で読者のみなさんと打ち上げをする」とも宣言していました。

そのときの気分がわかる個人ブログの日記です。

2011.2.23
伊勢から京都へと抜ける小さな旅。

でも、この濃い数日間で、こめかみがひくつくほど疲れはしたのだが、東京で降りつもったストレスはぜんぶなくなった感じ。

10月の高台寺以来、二ケ月ごとに京都を訪ねていることになる。

今回は、やはり松阪や京都に行くという人に便乗したこともあり、人とのご縁に恵まれた旅だった。

何て言うんだろう、みんな筋が通っていて、好きなものがあって、愛情もいっぱいあって。素敵な人ばかりだった。

ナビゲーターが別にいると、ひとりより世界が広がるのがうれしい点。

「京都ブライトンホテル」など、
今回は宿にも恵まれたなあ。

ブライトンホテルは、お部屋もだけれど、サービスがすばらしかった。とっても感じよい。

御所の西という場所も、きっといいんだろう。

地下には水脈も眠っているというし。

松阪では本物の牛飼いさんに会い、
京都では地元の方が行くようなカジュアルな京料理のお店と、さらに、とってもおもしろいバーにも連れて行ってもらった。
取材許可の店だったら、詳しく書きたいのだけど。

そうそう。さらに今回、おもしろかったのが京都在住の方に
半ば本気で、人形寺という尼寺の門跡に誘われたこと。
母方が清和源氏なら、血筋的にもなんとかなるそうだ。
全国から読者さんが訪ねてきてくれるので、
「このまま行くと、寂聴さんだわ……」という予感はあったが、
初対面の人にも何かがわかってしまうものなのか。
嫁のもらい手はないのに、
占星術家とか、尼さんとかの道はひらかれやすいというのが複雑な気分。
沖縄でも「サーダカ（生まれつき霊格が高い人）」と言われたことがあるし。
さすがに、せめてあと十年くらいは俗世にいたいなあ。

でも、伊勢下宮にもお参りしたし、白い神馬もいたし、
やっと年が明けたというか、今度こそ本気で冬眠から目覚めたよう。

松阪ではコンクールで金賞を取るような牛の取材をさせていただいたのですが、ほか

の取材があるその方とはいったん別れ、京都で合流することとして、松阪から京都に抜けました。ふと時間ができたので、「京都でやりたいことは何かあったかな」と考えて、瑞泉寺に行くことにしました。秀次事件で亡くなった女性や子どもたちを祀ったお寺です。

すると、瑞泉寺は、初めての来訪ではなかったのですね。何年か前に、東洋文化研究家であるアレックス・カー氏が経営する木屋町の宿を取材したときに、スタッフみんなで訪れていたことを思い出したのです。まさか自分に関係するとは思わないので、「かわいそうに」と女性たちに同情しただけでした。

瑞泉寺では昔話も聞けました。表向きは町衆が作ったことになっているのですが、実は、ねねさまと京極のお初さまが裏で動いていたというのです。木屋町という場所にお寺が作られたのも三条河原に近いからで、そもそもは高台寺も、秀吉の菩提を弔うだけではなく、秀次事件の死者を弔う意図もあったとうかがいました。しかも、慶長伏見の大地震は、当時の暦で秀次の切腹事件からほぼ一年後に起こったので、人々は秀次に連座し、殺された者たち、秀次の側室たちの崇りだと噂したものだそうです。

何でも、秀次の切腹事件があったのが文禄四年7月15日（1595年8月20日）のこと。側室たちが三条河原で殺されたのが8月2日（1595年9月5日）のこと。その一年後、文禄五年閏7月13日（１５９６年9月5日）に慶長伏見地震があったのです。

秀次は命を助けられて、徳島に逃げたのだというおばあさんが瑞泉寺を訪ねてきたこともあるのだそう。このご先祖探しのプロセスでは、大阪城で亡くなったはずの秀頼さまとその子の国松が、ねねさまに縁の大分県日出藩の木下家へ逃げていたという話も聞いていました。今の歴史家にはトンデモ話とされているかもしれませんが、ご先祖探しを通じて、表に出ている歴史は本当のこととは限らないと痛感することになったのも事実です。主は勝手に逃げてしまって、女性や子どもたちだけが被害に遭ったのだと思うと、気の滅入る話ではありますが、だからこそ、彼女たちを封印することなく、慰霊しなければいけなかったのでしょう。

初めての本の依頼

東京に戻ると、翌日でしょうか、「星占いの本を出しませんか」というメールをいただきました。初めての本の出版！　豊臣の浄化や浅野家の慰霊のために動いたご褒美のように感じたものです。東日本大震災の二週間前、２月の終わりのことでした。この本を書き上げるために、三ヶ月後には沖縄に住むことになるとは、このときはまさか思いもしませんでしたし、打ち上げと決めた3月10日の翌日に震災が起こるとは。あの頃は、あの世とこの世の間のヴェールがとても薄くなっていたように感じます。
　そのときの個人ブログの日記です。

2011.2.25

開運旅の効果か、旅から帰った翌日、
やりたかったお仕事の話が飛び込んできた。
それも、「Sayaさんの文章が大好きです」という編集者さん。
なんてありがたいのかなあ。

「SayaさんのPVは上がりますから」とか
「スピリチュアルをセンスよく書けるのがすごい」とか言われるより、
「大好き」という言葉の、なんて本質的で簡単なことか。
文章はうまくないけれど、

でも、コツコツ作り上げている世界観みたいなものを
きちんとわかってくれる人と出会えるのはとてもうれしい。

みんながもっと素直に、「大好き」って言い合ったら、
この世の中は幸せになるだろうなあ。

昨日、別件で打ち合わせしていたカメラマンさんも、
「仕事はおもしろいか、おもしろくないかしかない」と言っていて、
すごくおもしろくて、やりたい仕事なら、お金なんてどうでもいいと。
中途半端が一番よくなくて、
「それくらいのギャラで、つまんない企画で、ごちゃごちゃ言うな」
って思うと。
「つまんないんなら、札束で顔をぶたれるくらいの金額じゃないとね」、
確かにね。参考になる。
やりたいことをやる。やりたくないことはやらない。
人生で大切なことは、いつだって、とってもシンプル。

チャネリングで知る過去生

　ここまでは日本の女神さまやご先祖さまのことを書いてきました。代々の先祖の生き方が私たちの精神を作り、土地の女神さまにより、深いところで私たちの物語が語られることがわかっていただけたでしょうか。でも、実は、私の魂は転生のほとんどを海外で過ごしてきたようなので、「生まれる前のこと」のもうひとつの側面、過去生について書いてみたいと思います。

　今の私は、過去生について受け入れているのですが、初めのうちは、疑っていたところがありました。それでも興味はある。そのため、取材姿勢もややジャーナリスティック。自分の感情を入れずに話を聞き、どういうことなのか分析して理解しようとしていました。

　一番初めに過去生について聞いたのは、十五年ほど前、チャネラーの藤本ゆりさんという方のセッションです。当時、ゆりさんのセッションは口コミで雑誌業界に広がっていて、講談社の『ＦＲａＵ』のスピリチュアルサロン取材で訪れたのでした（現在は、対面セッションをお休みされています）。

チャネリングとは高次の存在とコンタクトをして、そこからのメッセージを降ろすというもの。もともと霊的な力のあったゆりさんは、オランダ・アムステルダムで暮らしていたときにチャネラーという職業を知り、自分もやってみようと思ったそうです。三つのコンタクト先の中で私が選んだのは、セントジャーメインというアセンデッドマスター。十八世紀にはサンジェルマン伯爵として活躍したという意識体です。瞑想状態に入り、セントジャーメインとつながったゆりさんに、こちらが質問をしていくスタイルで、セッションは進みます。目をつぶって、私には聞こえない声をよどみなく言葉にしていく様子は、海外取材でお願いする同時通訳のようです。

仕事について、アドバイスを求めたときの答えです。

＊

「あなたの最近の過去生は、イギリス人の男性の小説家で、1920年頃まで生きていました。レマン湖のほとりに好んで避暑に出かけていた人で、当時、レマン湖には世界中から、政治家や銀行家など成功した人が集まっていました。あなたは、そこでパーティなどに出るうちに、外的な成功ではなく、内的に幸せを感じる生活スタイルを取材したいと思うようになりました。そのため、人が幸せになる生活スタイルが今生のテーマなのです」

＊

20代は、「生活スタイル、生活スタイル」と呪文のように唱えて転職していたので、本当に驚いたものです。

２００９年に尋ねた占星術との関わりについてはこうです。

＊

「あなたは、インテリアや雑貨などの〝物〟だけでなく、暮らしの奥にある人々の考え方、生き方が幸せの鍵なのだと気づいています。占星術に関しても発想は同じで、人々にとって幸せになる生き方だと思って研究しています。現実への落とし込み方がわかるので、それが読者にも信頼されています。これからは、占星術の仕事が増えていくでしょう」

＊

ほかにも十八世紀にウィーンでピアノの先生だった、十七世紀にフランスの下のほうで現世でも知っているAさんと親子だった、Bさんとはサハラ沙漠のほうで兄弟だったなど、さまざまな情報がもたらされました。でも、まだこのときは、「ふうん、おもしろい」という域は出ず、そんなこともあるのかなとおもしろがっていて、心から信じていたわけでもないと思います。

当時、同じセッションのことをミクシィに書いたプライベートな日記です。

2006.2.7

最近のニュースと言えば、
少し前のことになるけど、前世を見てもらったこと。
仕事に関しては、ひとつ前の生が関係あるそう。
この生というのが、
十九世紀から1920年頃まで生きていたイギリス人男性で、
小説家か文筆家。
好奇心が強く、裕福で、
集中したいときはスイスのレマン湖を訪れていたそうな。

ここに避暑に訪れる人たちは、世界的に成功している
銀行家や政治家。
でも、避暑地なので、関わるのは仕事ではなく、
パーティなどの趣味の部分。
過去生の私である彼は、そこで、
「生活スタイルっておもしろいな」と思ったそうである。
外面的な成功より、
内面的な幸せや生活を取材したいとすごく思った。
それが私の、今生での仕事のテーマということですが、
とっても納得。

「生活スタイル」「生活スタイル」と念仏のように唱えて、
転職していたのが私の20代なので。
母が手芸や乙女なもの、
中原淳一や『赤毛のアン』が好きだったけど、
私の好きなもの、インテリアや暮らし方へのこだわり、

幸せを追求するところ、
それはどこから来たんだろう、って常々不思議だったから、
自分はこれでいいんだ、ってすごく自信がついたというか、
ある種のカタルシスがありました。

言われて仕事するだけでなく、もっと自分で企画を出したり、
本やエッセイを書くとよいということも。
中国の占星術家だった前世もあるそうですが、
そのときは権力者に進言するような、占い師の家系に生まれて、
小さい頃から仕込まれたのだとか。
でも、そのときにやり切った感があるので、占い師にはならない。
ただし、占星術を生活にどうやって生かすか、
それを本に書くのはとてもよいということでした。
なんだか、私の心の中を読まれたの？
というくらい、当たってます。

ほかにおもしろかったのが、イルカとの関わりを聞いたとき。
それによると、過去生でハワイ島に生まれたことがあり、
イルカと直接関わりが深いわけではないけれど、
その島ではみなが神さまや自然とつながっていて、
イルカが神の愛のメッセンジャーと思われていたそうである。
私は女性で、島のみんなのためにアクセサリーを作っていたとか。
イルカは、神の使者とは言え、上からではなく、
仲間のように同じような目線で伝えてくれる存在だったそう。
私は、今生で、イルカとよく似た波長を持っているので、
それで、イルカがよくキーワードとして登場するらしい。

セドナのヒーラー、クレッグに教えられた使命

取材を通じ、たくさんの国内外のサイキックに会いましたが、中でも印象に残っているのがアメリカ・セドナで暮らすヒーラーでサイキック、クレッグ・ジュンジュラスさ

んでした。大きな身体にもじゃもじゃの白い髭、優しい眼差し。サンタクロースのような風貌のしし座のクレッグとも、取材で出会いました。一部、当時のブログからも引用しながら、ご紹介します。

クレッグがオーラ・リーディングによって、まず見てくれたのは私の過去生。古代ギリシアとアトランティスの哲学者。２０００年近く前にキリストの教えを広めようとするクリスチャン。非暴力の仏教徒やチベットの修行僧。ネイティヴアメリカンのイロクアイ族。次々にスピリチュアルな過去生が挙げられるのですが、共通しているのはすべて、自分が察知した真実をほかの人に伝えようとしていること。いつの時代も危険が迫り来る直前に生まれ、人のためになりたいと思っていたそうです。

そこまでスピリチュアルな過去生を言われたのはこのときが初めてでしたが、自分がいいと思うものを人に伝えたい、世の中のためになりたいという気持ちはあったので、腑に落ちるものがありました。今回の人生では、ライター、教師、哲学者として、自分が感じたことを感じたままに伝えるのがテーマなのだそうです。「おもしろいのは、あなたはジャーナリストじゃないんです。感じたままに書きたいんです」と言われたのですが、そのとおりと脱帽しました。また、今生についても、小さな頃のエピソードから大学時代、現在にまで渡り、その時々の心境を説明してくれるのですが、すべてに心当たりがありました。私の人生は、魂の計画どおりに進んでいるとのことでした。母の疎開先というアウェイで生まれ育ち、そこで感じた疎外感などのつらかった経験も、すべて書くことに集中し、心を内側へ向けるためだったのだそうです。

印象的だったのは、「これから先のビジョンとして、自然の中に住んで、本を書いて暮らすようになる」というクレッグの言葉。実際、その数年後に東京を離れて沖縄に移住し、初めての本を出版することになります。

今でも時々思い出すのは、「あなたは、いつも危険が迫る前に生まれて、人々に危険を伝える役目をする」という言葉。今の占星術の仕事も、その一環なのかもしれませんね。スピリチュアルな過去生をさまざま言われたのも、このときは驚きでしたが、今となるとフラワーエッセンスやセラピューティック エナジーキネシオロジーの資格も取っていますし、シャーマン的な要素は、自分の中にあるのかもしれません。今回の人生では伝えるだけでなく、実際にどうしたらいいのか、役立つ情報にまで昇華したいところもあるようです。

おもしろかったのは四回目にお会いしたとき、クレッグに突然、「あなたは毎日の気づきや小さな幸せに喜びを覚えるタイプ。スピリチュアルな題材に関しても、肩に力を入れてがんばらなくても、自分が疑問に思ったことを取材して書くという今のスタイルで大丈夫」と突然、言われたことでした。

この本の執筆に当たり、セドナにいるクレッグに十年ぶりのインタビューやセッションをオンラインでお願いしたのですが、ズームの向こうにいるクレッグはちょっと痩せられて、サンタクロースというよりは、『ロード・オブ・ザ・リング』に登場するガンダルフのような賢者の顔。

「今までは客観的に取材していたかもしれないけど、これからは君がサイキックとして、ヒーラーとして、周囲を癒していくんだよ。そして、教師として、日本のみんなに教えることになる。そうした教師を増やすために、僕はずっと活動してきたんだ」との言葉をいただきました。

サイキックやヒーラー？　尻込みする私に対し、クレッグは、「自分の中にあるネガティヴなものを全部僕に投げつけてごらん。それを僕が癒すから。そして、尻込みすることなく、新しい自分になれるようなチャレンジができるエネルギーをアチューメントするから」とエネルギーワークをしてくれたのです。それは、しし座のクレッグらしい、ピュアで明るいエネルギー。十年前にクレッグに言われた「あなたはあなたで大丈夫」という言葉のように、ふわりと私を軽くしてくれました。

ヒプノセラピーで過去生を受け入れる

２０１０年に取材でお会いしたのがヒプノセラピストの大槻麻衣子さん。映画監督の宮崎駿さんのお身内で、「風の谷のナウシカ」のモデルになったのではないかと思うくらい可愛らしい方です。ちなみに、麻衣子さんにお母さまは姉妹で温泉旅館の女将をされていたので、『千と千尋の神隠し』の湯婆婆と銭婆のモデルとも言われています。四回ほどセッションを受けたうちの初回は、十数年、年齢を退行し、感情の解放が起こりました。二回目のセッションで、いよいよ過去生へ旅することになりました。

当時のブログ記事をそのまま記載させていただきます。

リラックスして目を閉じた状態で、優しい語りかけのもと、ゆっくりと催眠状態に降りていき、「感じたことをおっしゃってください」と言われます。まず出てきた感覚は、身体にまとわりつく、てろんとしたシルク素材の丈の長い衣装。薔薇が咲き誇る中庭と今の人生でつながりのあるAさんの顔が浮かびました。でも、どちらも断片だけ。そのうち、中東の市場のイメージが浮かび、それを伝えると、「さらに五感を働かせ、そこにいる感覚をありありと感じてください」と促されます。すると、「市場の香辛料の匂い」までしてくるのです。セラピストのインタビューにより、記憶や体感がよみがえり、出てきた心象風景の説明を催眠状態の中でも自然とすることになるのです。

さらに見えてきたのは、市場の中を颯爽と歩く美しい女性。おそらく20代で、意志の強そうなエキゾチックな顔立ちをしています。髪は長く、すべて隠してはいませんが、頭から顔のまわりにストールのような布を巻きつけています。ペディキュアもしていました。華やかで、いかにもお金持ちの娘といった風情です。これがこの過去での私！ココ・シャネルのような強さと気品があり、イルカに似ていると言われる現世の私とはかなり違いますが、魂にとってルックスは着ぐるみにすぎないとか。このときは美しい容姿をしていたようです。

「この人生での大切なシーンへ行ってみましょう」と言われて、すぐ出てきたのが黒い喪服を着たその女性。市場から何年も経っていないような若さですが、「亡くなったのは誰ですか？」と聞かれると、「父親です」と答えている自分がいました。先ほどのAさんがその父親でした。大好きな父親が急死してしまった女性の顔には強いショックと怯え、恐怖のようなものが現れていました。その場にはやはり今回の人生で知っているBさんが兄として出てきました。

次の回想シーンは、窓の外をぼんやりと眺める中年の女性。同じ人物ではありますが、諦めきったような表情で、最初に出てきた美しい中庭を見ています。その後、晩年のベッドに横たわる女性、そして亡くなった直後、霊となって、お墓を見守る場面も出てきました。このときの人生の最後に私の魂が思ったのは、「なんてつまらない人生だったのかしら。終わってせいせいした！」ということでした。

セッション後、麻衣子さんと話し合ったのですが、以前、藤本ゆりさんのチャネリングで、Aさんとはフランスの南のほうで親子、Bさんとはサハラ砂漠など中東のほうで兄弟だったと言われたことがあります。ゆりさんには、Aさんは部族を率いる領主で、私は領主の娘。絹織物業のギルドのようなものに関連していて、おそらく十七世紀前後と言われました。AさんとBさんと過ごした人生が同じものだったとすると、フランスの植民地時代のアラビア世界かもしれないという結論に。と言うのも、薔薇の咲く中庭や窓の外を眺める女性が着ている服はフランス風で、市場の風景ほどオリエンタルではなかったのです。潜在意識がシンボルとして見せているだけかもしれませんが、お墓もキリスト教風に見えました。

以下は、催眠中に自分で語ったストーリーですが、このときの私は父親に溺愛され、また自分も愛していたために父親の死から立ち直れず、生家で一生を終えたようです。あんなに美しく、才気あふれた女性だったのに、時代的に女性は家にいるものだったのでしょう。家督は兄に継がれ、兄に対して「ずるい」といった気持ちを持っていたようでした。すばらしい父親に愛されて、すべてが思いのままだった少女時代と、父親の死後の暗い、退屈な人生のギャップの恐怖が潜在意識に染みついていたのですね。「次の人生では自由に生きたい、いろいろな世界を見たい」と強く願い、生を終えたのでした。過去生はいくつもありますが、一番強く思い残しのある人生が次の人生への宿題として、持ち越されるのでしょうね。

催眠中は、不思議とすらすらと答えが出てきて、今の人生で、自分の実家のことを話しているのとまったく同じでした。そのくらい当たり前のことに感じられたのですが、冷静になってみると、すごいことですね。今の自分も23歳まで実家にいて大切に育てられたのですが、編集の世界に入り、ひとり暮らし、転職、独立と自分なりのジャンプをしてきました。でも、そのたびに、実はとっても怖かったのです。ただ私の中に退屈な人生を送りたくないという恐怖があり、それゆえにがんばってきた自覚があります。

「お金や身分のある不自由さを過去生で知っているから、あえて今回は、しがらみのない自由さを選択したのでしょう」とセラピストの麻衣子さん。でも、今回の人生で自由になってみると、寂しさや恐怖を感じるのも確か。魂が自分で組んだプログラムには、きっといつも挑戦があるのでしょうね。

今まで、さまざまなチャネリングで過去生について教えてもらってきましたが、自分で記憶を思い出すというこの感覚はとてもリアルです。「もっと早く受ければよかった」という気持ちと、「今がきっと一番いいタイミングだった」という気持ちと半々。今の人生での自分のルーツ、ご先祖さまを調べたときと同じような安心感を得ることができました。ひとりで世界へ放り出されることへの恐怖、大切な人がいなくなる恐怖、今まで私が深いところで抱いていた恐怖が癒された気がします。

さて、世界史に疎い私。家に帰ってから、「モロッコあたりかな」とネットで調べると、地中海を隔ててフランスと国境を接し、サハラ砂漠を有するアルジェリアがこの人生の舞台にぴったり。フランスとは長い間、戦争もしています。フランス人だったのか、アルジェリア人だったのかはわかりませんが、自分にとってプラスやマイナスになる場所がわかると言われるアストロマップ（占星世界地図）を改めてチェックしてみたところ、アルジェリアやモロッコにはラインが通っていました。いつか行ってみたいなあと思います。

1月にセドナのヒーラー、クレッグに言われた人生は男性としてのものが多く、藤本ゆりさんに言われたのも十九世紀のイギリス人の小説家など、男性としてはいつも思い切り、生きてきたようです。書いたり、メッセージしたりが今と変わらず好きなようでした。一方、女性として出てくる人生は、大抵、誰かの娘や妹であり、「Sayaさんの魂は、男性のときはスポーツのオフェンスのように才能を発揮して、ミッションを積極的に遂行していた。一方で、女性のときはまるでディフェンスのように守りに入り、行き詰まってしまう傾向があったようですね。表現者の魂であるだけに、〝女であること〟自体が足かせになった時代が多かったのでしょう」というのが麻衣子さんの分析。男性性は発達させてきましたが、女性性は未熟なんですね。男性性と女性性の統合が今回の人生のテーマなのかなと思います。

読み返してみると、十年前の自分からの手紙のようですが、実は、2014年にプライベートでパリを訪れたとき、アルジェリア系フランス人の家庭とご縁ができたことがあるのです。お嫁さんが日本人で、『ELLE（エル）』の読者さんだったのですが、アルジェリアから移民でやってきた義理のご両親のお宅に招いてくださったのです。ラマダン中にもかかわらず、おいしいご馳走を用意してくださいました（もちろん自分たちは食べないのです。客人だけもてなすのですね)。インテリア取材を多くしていたため、日本全国、また海外でもさまざまなお宅訪問をしてきた私もイスラムの家庭訪問は初めて。そのときは、アルジェリアに過去生があったかもしれないことはすっかり忘れていましたが、あんなにハートが温かくなったのは魂が喜んだのかもしれません。

ヒプノセラピーを受けるまでは、夢のような物語として、過去生について聞いていましたが、感覚を表す土の星座らしく、過去の記憶を思い出すかのように脳裏に映るビジョンとして過去生を見たことで、今度こそ本当に輪廻転生を受け入れることができたのです。魂はきっとさまざまな人種、さまざまな宗教の中で人生を重ねて、自分自身を、相手を愛することを学んでいくのです。

過去生への旅

2011年のクリスマスシーズンに訪れたのがオーストリアのウィーンとザルツブルク。大槻麻衣子さんのヒプノセラピーのセッションで出てきたザルツブルクの過去生の地をめぐりたくなったのです。

ザルツブルグの過去生は、三回目となる過去生退行で出てきたもの。どうも実在の人物のようなので、ブログにも書きそびれていました。でも、セッションを受けたのは十年も前のことなのに、今でもありありとその内容を思い出すことができます。

いつもどおり催眠状態に入った私の脳裏に広がったのは、白い建物群と鮮やかなエメラルドグリーンの丸いドーム。白い石畳、石造りの中世の家々。そこに白い馬に乗った身分の高そうな人物が現れ、馬に乗ったまま、若い女性である私に手を差し出します。

舞台は代わって、大きな教会のステンドグラスと十字架のある祭壇の前に黒い装束を身につけた神父が見えます。聞こえてきた言葉は「大司教」。今生でも知っているCさんでした。舞台は反転して、子どもがたくさんいて、椅子に座っている女性が見えます。彼女は高級そうな服を身につけていますが、どうも過去生の私のようです。最後は、彼女ひとりで小さな家で過ごしています。どうも私はその大司教の妻のようなのですが、大司教はカトリック。「カトリックの大司教って、結婚できるんだったかな」と少々疑問に思いながら、サロンをあとにしました。

帰宅してからネットで調べてみると、私が見たエメラルドグリーンの丸いドームの建物は、オーストリアのザルツブルクの街並みでした。ザルツブルクの大司教を調べてみると、なんと代々の大司教について記された日本語のページが現れました。ただ、やはり大司教は、本来は結婚が許されていない。その視点で調べてみると、サロメ・アルトという女性を事実婚の妻としたやんちゃな大司教が存在しました。彼の名は、ヴォルフ・ディートリヒ・フォン・ライテナウ（1559―1617）。周囲の反対を押しきり、ユダヤ商人の娘とも言われるサロメ・アルトを娶ったのです。一時期は権勢を極め、音楽や建築にお金をつぎ込み、ザルツブルグをローマのように美しい街にしようとしました。のちにモーツァルトが出現する街の基礎を作った存在でした。そして、私の過去生がこのサロメ・アルトだったようです（当時、チャネラーの藤本ゆりさんのセッションも受けて確認しましたが、やはりサロメで間違いないようでした）。

ただヴォルフは、晩年、塩の利権に絡んでその座を追われ、最後は、要塞でもあるホーエンザルツブルグ城の地下に幽閉されて、人生を終えています。またサロメ・アルトも大司教の愛人とされ、ヴォルフともども、現地での評判は今ひとつ。映画『サウンド・オブ・ミュージック』の舞台ともなったミラベル宮殿を贈られ、子どもを十数人も産み、大司教が失脚するまでは楽しく暮らしていたようなのですが、贅沢三昧だったのかもしれませんね。なんだかマリー・アントワネットのようです。

ザルツブルグではミラベル宮殿やホーエンザルツブルグ城も訪れたのですが、ミラベル宮殿で浮かんできたのはルノワールの絵のように子どもたちと芝生で戯れる過去生の自分。そして、大司教の見舞いに足繁くホーエンザルツブルグ城の牢に通う自分もデジャヴとして感じられました。サロメは、サロメなりに大司教を愛していたんでしょうね。華やかなミラベル宮殿とものものしいホーエンザルツブルグ城の対比に何とも言えない気持ちになりました。

ちなみに、サロメ・アルトが晩年を過ごしたという建物も別の街に尋ねたのですが、その一階には占星術師の事務所が！ オーストリアではあちこちにゾディアックのサインがあり、私の星好きは、サロメ・アルトとして生きたときに身につけたものなのかもしれません。

ヒプノセラピーで出てきたのは、どちらも過去生での喪失体験でした。娘として、女性として、力のある男性に愛されたものの、その人を失うと自分の人生も崩壊してしまう。星で言うと、冥王星的な変容を以前の人生では経験していました。だからこそ、今回の人生では、男性に頼ることなく、自分の力で立ちたい、太陽を生きたい気持ちが強いのかもしれません。そのために、今回の人生は、男性に依存する誘惑がないように、イルカ的なルックスを身につけているのでしょうね。

この大司教だった人とはその後もご縁があったようで、サロメ・アルトとしての人生以外でも、藤本ゆりさんのチャネリングでは彼がウィーンに住む医者で、私は妹。兄を手伝っていた時代もあるということでした。こうして、近い魂同士は何度も出会いや別れを繰り返しているのかもしれません。

宮古島のシャーマンとの出会い

取材を通じてではありましたが、クレッグのメッセージや麻衣子さんのヒプノセラピーを受けて、過去生の探求は自分の中で一段落しました。２０１１年の沖縄移住後は、サイキックに会う機会も徐々に少なくなり、２０１２年にはスピリチュアルなブログ連載を終わらせたこともあります。そんな私が泊まっていたホテルのオーナーを通じて知り合ったのが沖縄・宮古島のシャーマンのご夫婦でした。

ご主人に神さまが降りていて、お祈りをすると、メッセージが降りてくる。それを奥さまが通訳するというスタイルです。こう書くと、イタコのようなものを連想するかもしれませんが、おとめ座生まれの奥さまは霊能力者ではあるのですが、誰もが好きになってしまうような、知的で優しい雰囲気のある方でした。それまでも本島でユタさんにお会いしたことはありましたが、この方たちは何かが違う。私の持つファミリーツリーのすべてが見えているようでした。

ご先祖との関係や因縁について、多少とも理解できるようになったのは、根気強く説明してくださった奥さまのおかげです。先祖のうち、自分とつながりの深い魂が存在し、その魂とよくも悪くも同じパターンの人生を送ってしまいやすいこと。父方と母方のどちらかに、自分とつながりが深い筋、つまり家系があること。その筋に癒されていない魂があると霊が騒いでしまい、自分にも影響が及びやすいこと。お祈りを重ねるうちに守護霊が入れ替わり、何人もついてくれるようになること。初めはチンプンカンプンだったのですが、何年かに渡ってお世話になるうちに、徐々に理解が深まっていきました。私とつながりが深いのは、母方の祖父のそのまた母方。つまり、曽祖母の筋だということも、宮古島で教わったことです。姉妹であっても、妹たちは父方の筋との縁が深いのだそう。

実際にはその時々で、必要とあれば、父方の祖母の筋だとか、母方の祖母の筋だとかが守護してくださるようで、おもしろかったのは日光の父方の祖母の筋にかなり霊的能力があるとのこと。占い専門の会社でコンテンツを立ち上げたときは、そちらの守護がついてくれたそうです。日光は霊山だからでしょうか。父も子どもの頃、高熱を出して、「総天然色の夢を見て、三途の川を渡った」と言っていましたし、いつもタイミングを逃さず、医療運もとてもいい人なので、ちょっと霊感があるのかもしれません。

宮古島のシャーマン夫妻に初めてお会いしたのは2011年でしたが、「一年くらいすると、みんな結婚相手を連れてくるのよ」と言われたものです。そのときは「ふうん」と聞き流していたのですが、2012年、本当に現在のパートナーに出会い、2013年にはふたりで宮古島を訪れたのですから、不思議なことはやっぱりあるものです。

癒されている守護霊さんたち

沖縄に移住して三年経った2014年になって、ようやく母方の家系図を見られることになりました。大名家や幕府に上申していたものか、御由緒の写しだったので、感覚としては戸籍に近く、思った以上にさまざまな情報が詰まっていました。初めてわかったのは、母方の先祖の植村（上村）は、土岐氏の一族であること。2020年の大河ドラマ、『麒麟がくる』の主人公、明智光秀は、土岐氏だとも言われます。母方の家系は、美濃（岐阜）の家督争いにも、応仁の乱にも参加せず、遠江（静岡）に逃げて、そこで将軍家となる以前の松平家に仕えたことがわかりました。当時の個人ブログの日記から引用してみます。

2014.3.27

東京から沖縄に戻ってくると、とてもほっとする。
沖縄の生活に流れる、このゆったりしたリズムは何なのだろうと、戻ってくるたびに思う。
今の部屋は、港のすぐ近くなので、寄せては返す波のリズムを知らないうちにキャッチしているのかな。

郊外の実家と妹のところで、姪っ子にも会ってきた。
家族や親しい人たちとののんびりした時間は、
かに座木星のゆえかもしれない。

そして、お彼岸の目玉は、母方の家系図を見ることだった。

三年前、3・11の二日後に見ることになっていたのが、
あのバタバタで流れてしまっていたのだ。

ねねさまの家の家老だったこと、清和源氏だったことは知っていたし、
それ以上の記録があると期待しているわけではなく、
ご先祖さま探しに区切りをつけるために訪れたようなものだった。
でも、どんな家の人がお嫁に来たのか、
なぜねねさまの家に仕えることになったのかなど、
たくさんの書き込みがあり、予想以上の収穫だった。
カメラもコピー機もない時代に、これだけのものを残すなんて、
私の日記好き、記録好きの血も、ここから来ているのに違いない。

どうも、ねねさまの家よりもとても古い家で、
室町時代は、伊勢や尾張、美濃の守護をつとめていた一門らしい。
力を持ちすぎたために足利将軍家ににらまれたため、
その後、苗字を変えて、徳川や豊臣に仕えていたようだ。

しかも、家康を助けて可愛がられたという逸話が残る人が
うちの直接の先祖の兄に当たり、
そのコネクション、つまり家康のつながりで、
ねねさまの家にも仕えたようなのだ。
明治になって東京に出てきたのも、
幕府や公家へのパイプ役だったからだろう。

豊臣家の家臣だった割に、豊臣の華やかさがしっくり来ないというか、
幕府の縁も多いなあと思っていたが、
家康の力が働いていたのなら納得。
足利、豊臣、徳川に揉まれながらも生き残ってきた先祖となると、
なんだか私も、どんな場面でも大丈夫な気がしてくるから不思議だ。
また、伊勢の守護をつとめるくらいであれば、
伊勢神宮とも当然、縁が深いだろう。
私のスピリチュアルなご縁も、きっと血なのだろうなあ。

そのほかにもたくさんの「なるほど」と「やっぱり」があり、
家系図を見る前にめぐらせていた私の妄想のほとんどは、
合っていたことにも改めてビックリした。
私の占いが当たると言われるのも、この妄想力というか、
推理力のせいなのかもしれないな。
小さなかけらを拾い、つなぎ合わせてストーリーにする。
そんなプロセスをいつもついやってしまっている。

ねねさまと家康に頼まれたことを明治までやり抜いた先祖。
物ごとの「筋」を大切にしていたんだろうなあと思う。
二十一世紀の現在でも、私たちがここにこうして生かされているのは、
先祖のさまざまな判断と行動があったから。
そんなご先祖さまのありがたみを肌で感じる、
お彼岸らしいお彼岸だった。

御由緒をさらに読み込み、調べていくと、母方の総領家の初代は、上村清兵衛と言っ

て、その父親が松平信康に仕えていたのが信長の命で自害に追い込まれたたために浪人をして、酒造りをしていた人でした。清兵衛は、今の伝承では町人ということになっていますが、もともとは武家だったのですね。武田勝頼との戦いから家康が逃げるのを助けて、冷酒をふるまったため、家康に「冷酒、冷酒」と可愛がられたとか。それにより酒造りの免許を与えられ、江戸時代を通じ、清兵衛の子孫は、町人身分にもかかわらず、二年ごとに将軍に謁見する権利が与えられていました。清兵衛のおじには土佐法印という三河国鳳来寺（愛知県新城市の真言宗の寺院）の僧侶がいて、霊力でもって家康を助けたものだそうで、もともとは徳川の懐刀と言っていいような一族だったのでした。

母方の直系の先祖は、その清兵衛の弟で正能と言い、家康と秀吉が接近していた時代に秀吉に仕え、千石を与えられていました。ほかには石田三成に仕えた兄弟もいたようです。土岐氏はどちらかと言うと頭脳派なので、おそらく京都での御土居や伏見の城下町建設などに関わっていたのではないでしょうか。関ヶ原の戦い後、清兵衛のとりなしで助けられて、その子どもがねねさまの兄の家である足守藩の木下家に仕えたということでした。この清兵衛ともうひとり、植村政勝という江戸時代の植物学者が今の私の守護霊となってくれているとだんだんにわかってきたのです。

今でも働いてくれる守護霊さんたち

植村政勝は通称、佐平次。現在の三重県・松阪の生まれで、紀州徳川藩に仕えました。ネットにあった歴史学者の手による家系図によると、「上村清兵衛家を惣領家とする」とあるので、間違いなく、つながりのある方だと思います。彼は本草学（植物学）者であり、徳川吉宗が将軍になったのち、引き立てられて駒場御薬園の園監となり、採薬使を兼務しました。諸国の草木を調査し、日本中の大名家のお庭をめぐり、『諸州採薬記』を吉宗に献上しました。一説には吉宗の隠密として、各藩の様子を探る密命があったようですが、『本朝奇跡談』を出版するなど妖怪研究の第一人者としても知られ、彼がいなかったら日本の妖怪文化は生まれていなかったとか。現代で言うと、荒俣宏さんのような存在でしょうか。私自身も流通誌時代は日本各地の家庭訪問をしていましたし、スピリチュアルなブログも書いていたので、とても近く感じます。

なぜ清兵衛おじいさんや政勝おじいさんが守護霊とわかるかと言うと、一番わかりやすい例は、京都に移住後、夫が紀州徳川家で酒造免許を得た老舗の酒造会社で働かせていただくご縁を得たこと。「家康の酒造り」である清兵衛おじいさんと、「紀州徳川家の隠密」であった政勝おじいさんのご縁としか思えないのです。私が秀次事件の魂を浄化してもらったのち、松阪へと導いてくださったのも、ご先祖探しを始めてすぐの名古屋の和菓子屋さんのお仕事なども政勝おじいさんの所業かもしれません。あちらも、江戸時代から続く老舗ですから。私たちの一族は現在では一般庶民。守護霊さんとしても、活躍していた江戸時代のご縁しか持ってこられないのかもしれません。

上村清兵衛の縁戚には植村小夜さんというお姫さまがいて、この方は本多家に嫁ぎ、戦国最強武将と言われる本多忠勝を生んでいます。小夜さんの孫の本多忠政は、松平信康の娘で、家康の孫である熊姫を正室に迎えました。ひ孫の本多忠刻は、二代将軍秀忠の娘である千姫と結ばれ、その子の勝姫は、岡山の池田藩に嫁いでいます。植村にしろ本多にしろ、徳川とつながりが強く、江戸時代を通じて、一族は割合、いい時代を過ごしていたようです。上村清兵衛、植村政勝、本多忠勝。この方たちは、浅野や豊臣とは違い、癒されている魂なので、守護霊、つまりガイドとなって活躍してくれているのだといつしか思うようになりました。

私の母方の話に戻りますが、本多の一族からは昭和になって、上村の曽祖父のところに曽祖母がお嫁に来て祖父が生まれています。嫁に行った先から、子孫が出戻っているような系図なのですが、江戸時代の武家ではこんなふうに近いところでの婚姻が当たり前で、戦前はまだそういった家と家とのつながりが残っていたのでしょう。宮古島のシャーマンに言われた、私と縁が深い筋も本多家になるので、私は土岐氏の姫の要素を持ちながら、本多につながる魂でもあることがわかりました。ちなみに、初めて足守に行ったときに謎に思った弓の秘密も明らかになりました。上村清兵衛は、遠州流の弓道の祖でもあったようなのです。お茶の先生の紹介で知り合ったという祖父母ですが、背後には弓のご縁もあったのかもしれません。

癒されていない家系の苦しみ

ずっと謎だった、「なぜねねさまの家の家来にすぎないのに、秀次事件が私の血の呪いになるの？」という問いの答えも、御由緒にありました。木下家のお殿さまが側女中（京都の小笹氏の娘とあります）に産ませた女性が北面の武士だった布施家の養女となって、母方の上村家にお腰入れしていたのです。北面の武士とは院御所に詰め、上皇の身辺を守っていた存在ですが、私にもねねさまと同じ木下家の血がかすかながら流れていたのですね。つまり、私もねねさまのように、一部は浅野の姫でもあったから、

「浅野の慰霊の旅」が実現したし、アポもなく足守に行ったのに、ねねさまの子孫にも会えたし、高台寺の法要にも出られたということです。２０１１年には万城目学さんの小説、「プリンセス・トヨトミ」が映画化されるなどしていたので、「リアル・プリンセス・トヨトミ」になった気がしたものでした。そもそも、精神世界の本を読みあさるようになったのも、考えてみれば、大阪・梅田の阪急百貨店や兵庫・豊岡の城崎温泉を仕事で訪れてからです。トランジットの冥王星のアセンダントへの通過とともに、豊臣にゆかりの大阪やねねさまの木下家にゆかりの兵庫の豊岡を訪れることとなり、潜在意識から記憶がよみがえってきたのでしょうか。

秀吉は、浅野の養女であるねねさまの婿ですから、豊臣氏は、霊的には室町時代には京都でも権勢を誇りながら没落していった土岐氏の無念を引き継いでいたのではないかと思います。でも、そんな土岐氏の目指す「お家再興」のプロセスで、秀次の側室や子どもたちのような犠牲者をたくさん出してしまった。その「血の呪い」を癒すことは、私が今回、この家系を選んで生まれてきたことの大きな理由だったのかもしれません（ただ直系ではないので、癒されていないのは自分の血のほんの一部。カルマというよりは、むしろ一族の女性たちを助けられなかったねねさまの負い目のために罪悪感があり、初めて瑞泉寺を訪れたときに彼女たちの苦しみに反応してしまったようです）。

琵琶の演奏を聴く機会があったとき、「赤穂浪士」の演目のところで霊が押し寄せ、気分が悪くなったことがあるのですが、それも浅野の因縁のせいだと思います。赤穂の浅野家も広島の浅野家もねねさまが養女となった土岐氏の流れですから、赤穂城の引き渡しのときには赤穂城の中にも、引き渡しをまかせられた足守の木下家の中にも幕府の中心にも、植村（上村）という人物がいます。同じ土岐氏の一族として、植村氏が連携をとって後始末をしたに違いありません。当時の風潮として、一族のことは一族でなんとかしろとされていたようですから。

これらの霊的な出来ごとは、今となっては、自分自身が強くなるために、潜在意識の闇を洗い出し、先祖ともう一度、正しくつながり、精神を太くするためにあったと思っています。ただ浄化しても浄化しても、先祖の問題がすべてなくなるわけではありません。土岐氏が源氏であることから、源平の戦いによる日本人のトラウマのようなものが出てきたこともあります。人からひどく意地悪されたり、依存されたりすることがあって、「血の呪い」を言われたヒーラーに相談すると、「その人は平家の魂で、あなたが源氏だから恨まれている」と言われたりしたのです（実際にはねねさまの木下家は平家ということになっていますし、北面の武士の先祖も伊勢平氏とも言われるので、源氏だけではないのですが）。源氏は、平家の落人、しかも家来など縁者まで、あまりにも徹底的に追い詰めてしまったので、その「やっつける」という意識がよくないのですね。星で言うと、２０１４年から２０１６年頃、冥王星と天王星のハードな角度が形成された時代に、これら源平の記憶も、潜在意識からよみがえってきたようです。現在に起こっていると思っている戦いは、実は現在の戦いではなく、星によって呼び起こされた潜在意識の記憶の世界、幻影でもあるのかもしれません。

おどろおどろしい話をしてしまいましたが、先祖とは自分の潜在意識でもあります。その大部分は癒されているのですが、中には癒されないまま、恨みを抱き続けることも、恨まれたり羨まれたりして、抜けられないこともきっと誰でもあるのです。プライドから戦い続けたり、恨み続けて権力や家柄に執着したりしていると、癒されないままの想念が子孫にもネガティヴな影響を与えます。でも、エゴやプライドによる戦いをやめて、平和のために貢献すれば、子孫にもポジティヴな影響を与えるのです。

実は、癒されている守護霊さんたちにも因縁はあると思っています。と言うのは、人生を振り返って、わけもなく攻撃されたり、嫌われたりした人が何人かいるのですが、たとえ出会ったのは東京でも、相手のルーツを考えると、先祖と戦った土地だったり、逆に支配して、年貢を受け取っていた土地だったり。一方、同じように先祖が支配していた土地にルーツがあっても、非常によくしてくれる人もいます。つまり、人間関係も、究極のところは先祖同士がうまくいっていたかどうか、守護霊同士がうまくやれるかどうかなのではないかと思うのです。だから、人間関係でおかしなことが起こったときは、自分に非があるのではないかとあまり悩まないほうがいい。相手の先祖が自分の先祖のことを気に食わないと思っているのだろうなと、距離を置くことも必要だと思います。

先祖の魂と自分の魂と

こうして見てくると、先祖の魂も過去生の魂も存在することがわかってきます。家系という縦糸があり、そこに横糸のように過去生の魂が入ってきて、私たちは作られているのだと思うようになりました。でも、魂の旅は続きものになっているので、過去生の魂が生まれ変わるにあたり、かけ離れた家系には生まれない。波動が合い、魂の学びを進められる家系に生まれるのだと思います。

先ほど書いたように、今回の人生での私は、ねねさまの実家である木下家の血がかすかに入っている家系に生まれましたが、ねねさまは言わずと知れた、夫である秀吉を喪失した女性です。過去生の私も、頼りにしていた男性を喪失しています。「喪失」というテーマを克服し、自立する。自分より力のある男性に頼るのではなく、自分と同じだけの力を持つパートナーとフェアな関係を築く。今回の人生は、きっとそんなふうに生きたかったのですね。それがラブバードというドラゴンヘッドのサビアンシンボルに現れている気がするのです。

ほかの人の例を見ていても、たとえば、過去生でともに生きていた絹織物のギルドをしていた人は、今生でも手工芸に関わっているし、過去生の兄で父親の後継者として苦労していた人は、今生では手工芸の会社の後継ぎという恵まれたポジションを手放して世界を駆けまわっています。大司教だった人は芸術に関わる仕事をしていますが、幽閉されていたからか、今生でも閉所が嫌いでした。また、大司教として嫌な目に遭ったせいか、マリアさまの像を見て顔をしかめるほど、カトリックも大嫌いでした。

ホロスコープのセッションをしていても、ほとんどの人が人生の前半戦は、過去生の続きをしているように見えます。過去と同じような体験を繰り返し、それでは何も変わらないと悟ってから執着を手放し、今回の人生での初めての経験におそるおそるトライすることになる。それは、母と娘の物語に似ています。女性の自立にしても、パートナーシップにしても、母親がここまではやったから、その続きを娘がやるということはよくあります。それが自分の魂の物語の中でも起こる。転生から転生へと移る間に連続性があるのですね。

と言うことは、人生の前半戦で出会った人とそのまま続くとは限らない。私が同い年の夫に出会ったのは40歳のときですから、パートナーが欲しいのになかなか出会えないと思っている人も諦めないでほしいな、と思います。もちろん、シングルが自由でいいという人はそれでいいわけですが、お相手は、頭で考えている理想とはまったく違う形でやってくるかもしれません。

魂のシナリオと元型

今回、ブログ記事を掲載するにあたり、ヒプノセラピストの大槻麻衣子さんにも十年ぶりにご連絡をとったのですが、魂の長い旅のご褒美のように、素敵な言葉をいただいたので、許可を得て、転載させていただきます。

＊

「Sayaさんの場合、女性の人生では、誰かに依存しなければ生きられないといった依存型の人生から抜けられなかったことが多いので、今の人生では、〝女性でありながら、ちゃんと才能を発揮して、自分らしく自立すること〟が第一目標で、そのうえで、女性としての幸せを見つけるというシナリオだったということです。

過去生からの傾向で言うと、自分の中の男性性は肯定できていたけれど、女性性は否定気味だったのだと思います。そういう意味で、今の人生は女性としてお仕事に成功し、伝える、表現するミッションを遂行でき、またパートナーと結ばれたことで、女性としての幸せも実現でき、人生の目標を達成できたのですね。そのときにこの本を書くことになったわけですから、今はとても素敵なタイミングだと思います。男性性と女性性のバランスが今回の人生ですばらしくとれて、魂が喜んでいるはずですね！」

＊

実のところは日々、星の原稿を書いて、淡々と生活をしているだけなので、そんなにきらきらはしていないのですが、この文章をご紹介したのは、人それぞれ魂のシナリオは違うことを読者の方にも知ってほしいから。適齢期での結婚が叶わなくてがっかりする方なども随分お会いしているのですが、出会いはもっとあとになるかもしれませんし、結婚しないことを選んでいる魂だということもあります。それはホロスコープに明示されているわけではなく、人生が進むとともに明らかになる種類のことです。

さまざまな霊的な自分探しをしてきた私ですが、そう言えば、夫との関係については、あまり調べたことがないのです。一度、あるアカシックリーダーに聞かされたのは、夫との過去生ではフランスの農村にいて許嫁同士だったけれど、結婚前に私が病気で死んでしまったそうです。その話を聞いたときには、白ワインを飲んでやさぐれている過去生の夫の映像が思い浮かんできたものです。くるくるした金茶色の巻き毛で、今と同じようにぽっちゃりしていました。この過去生の真偽のほどはわかりませんが、確かに、夫はキノコと白ワインと香水と音楽が大好き。感情の振り幅も大きく、ラテン系と言えばラテン系ですから。私に対しても、ものすごく心配性で守ろうとしてくれるので、時々、〝お父さん〟のようですが、過去の私が病死してしまったからかしらと思うと納得するものがあります。

ちなみに、「水の女」との共時性から、私の元型は織姫だと思うと書きましたが、夫の元型は、私にとっては彦星であり、牛飼いです（おうし座の月の生まれなんです）。

＊

「天の河の東に織女有り、天帝の女なり。年々に機を動かす労役につき、雲錦の天衣を織り、容貌を整える暇なし。天帝その独居を憐れみて、河西の牽牛郎に嫁すことを許す。嫁してのち機織りを廃すれば、天帝怒りて、河東に帰る命をくだし、一年一度会うことを許す」（『小説』、ウィキペディアより）

＊

私と夫の遅い出会いを振り返ると、「このまんま」な気がするからです。星の神さまがお仕えしていた巫女が歳を取ったのを憐れんで、夫を遣わしてくれた……そんな感じがしてしまうのですね。私は結婚しても、機織りという書き物をやめなかったので、夫婦一緒にいることを許されているのかもしれません。

第三章

花と大地とともに

この章でお伝えしたいこと

人はどうして占いに興味を持つのか。きっかけはいろいろだと思いますが、根底には幸せになりたいという気持ちがあると思います。でも、占星術を専門にやっている人が幸せとは限らないのですね。星を読めることと幸せに生きることは別物なのです。星との付き合い方はサーフィンのようなもので、どんな波が来るかを読めるようになっても、その波に実際に乗れるとは限らない。いつもそんなふうに説明しています。

私自身、自分で占って書くスタイルで連載を始めた当時はとても楽しかったのですが、現実に起こっていない未来について書くのはエネルギーを遣います。また自分について書くのは楽ですが、基本的に十二星座占いというのは、他者をチャネリングして書くようなところもあり、多くの連載をこなすうち、次第に消耗していきました。個人セッションもしていて、その人たちは幸せ全開とも限らないですから、いろいろもらっていたのかもしれません。占いを書き始めてから五年ほど、２０１３年の春に、甲状腺機能低下症になってしまったのです。２０１１年、２０１２年と二年続けて本を書いたこと、星占いの連載も増えていたこと、沖縄に移住したこと……人生の変化が続いてエネルギーを遣いすぎ、燃え尽きていたのかもしれませんね。

そこから五年間は、化学物質である甲状腺のお薬を毎日摂っていました。初めは視界がパッとひらき、原稿を書くときの効率も上がった気がしましたが、何と表現したらいいのか、化学物質を身体に入れ続けると、宇宙とつながれなくなるように感じました。以前は軽々と書けたものが書けなくなっていたのです。

もちろんお薬に頼るばかりで、何もしないでいたわけではありません。ちょうど夫と出会った頃でもあり、東京ではほとんど料理をしなかったのが沖縄では毎日、自炊をするようになりましたし、京都では週末だけの有機農法の学校に通い、野菜づくりも学びました。それでも、お薬の量はなかなか減りませんでした。

それが思わぬところから救いの手はやってきました。2018年の5月、天王星がおうし座に入ったタイミングで、あるフラワーエッセンスに出会ったのです。蘭の花の波動で作られたもので、初めて使ったときに、これは今まで知っているものと違うと直感しました。編集者やライターとして、長年多くの取材をしてきても、自分で学びたいと思うことはあまりなかったのですが、このときの私の行動はすばやいものでした。初めて購入したものをひと月で使い終わるとすぐにプラクティショナーの資格をとるセミナーに申し込み、出会いから二ヶ月後、7月には資格を取りました。さらに、そのひと月後、8月には蘭のエッセンスと同じ博士が監修しているというセラピューティックエナジー キネシオロジー（筋反射でエネルギーを見るテクニック）のコースにも申し込み、10月にはコースを履修していました。

何かに急き立てられるようなこの流れにシンクロして、お薬は減っていきました。7月にセルフケアで選んだ三種類のエッセンスで、50ミリのお薬が25ミリに。さらに、その秋に新しくできたエッセンスで、お薬を手放せることになりました。東京・表参道の甲状腺専門病院でしっかり検査をしてもらっての結果ですが、エッセンスをそれぞれ一本ずつ、数週間摂るだけで変わったのです。もちろん、これは私の体験でしかなく、全員に効くものではないと思います。ただ、お薬をやめてからは、宇宙とつながるのが容易になり、再び本を書けるようになったのも事実。代替療法と言われるものではおもしろい体験もしてきたので、この章では私が体験したお花や大地の力について、ご紹介したいと思います。

代替医療に目覚めたきっかけ

子どもの頃を振り返ると、外遊びより、家の中で本を読むのが好き。運動はずっと苦手で、手先も不器用。副交感神経が優位だったのか、なんとなく疲れやすい、神経質なところのある子どもでしたが、おたふくやはしかなど子どもが罹患するもの以外、特段、大きな病気というのはしたことがありませんでした。

問題が出たのは28歳から31歳の土星回帰（生まれたときの土星にトランジットの土星が回帰するタイミング）の頃です。その少し前から、両肘の内側に湿疹が出ていたのですが、ステロイドを使わなかったために顔以外の全身に広がるように。合わない会社に勤めていたこともストレスとなったのか、湿疹は悪化していき、夜も眠れず、シーツに血がつくほど毎晩かきむしっていました。皮膚科に行って漢方をもらっても治らなかったので、その後は医者には行きませんでした。

幸い顔には出なかったものの、名刺を出すときも手が血だらけ。もうこれは治らないのかと諦めかけた頃に、とうとう勤めていた出版社を辞めたのです。在職中にも手相観の日笠雅水さんに血だらけの手で手相を見ていただき、「本当の自分が出せなくて苦しんでいる」と言われたのを思い出します。

辞めてから歯医者に行くと、子どもの頃に治療した虫歯の中にアマルガムという水銀の詰め物が入っていて、それが神経を麻痺させている。虫歯になっているのに気づかずに放置している状態だと言われました。アマルガムをすべて取り去る治療を一年やってもらったあと、気づけば湿疹は治っていました。その後、アマルガムについてさらに調べて、体内で悪さをする水銀のおそろしさを知ったのです。水銀は水星ともリンクしますが、実は、私の生まれたときのホロスコープでは水星は、土星とハードアスペクト。土星回帰の頃に水星（水銀）も悪さをしたというのも驚きでした。惑星のトランジットと身体の不調は関係があると実感できた始まりでした。

この経験が私に代替医療への興味を抱かせました。もともと母が予防接種には慎重派で、小学校高学年くらいからは受けている注射の数が少なかったこと。ステロイド薬や電磁波、化学物質は人によっては害にもなることは雑誌社にいたこともあり、すでに意識していたこと。湿疹トラブルから興味を持って、ようやく一般的になっていたオーガニックなスキンケア製品や合成界面活性剤の問題が少ない洗剤を選んで使っていたこと。代替医療に興味をもつ素地も、もともとあったと思います。それは、私の太陽星座がおとめ座ゆえかもしれません。純粋さを好むおとめ座は、癒しにもできるだけ自然由来のものを求めるからです。ましてや、私の生まれたときのホロスコープでは太陽だけでなく、水星、金星、冥王星、ＭＣやパートオブフォーチュンと言われるポイントもおとめ座にあるので、ちょっと極端なまでにピュアな環境を求めるのですね（イギリスのデザイナーのステラ・マッカートニーとは生年月日まで同じなのですが、彼女も素材にこだわり、サステイナブルなデザインをするので有名な人。そう聞くと、おとめ座のイメージが伝わりませんか）。

第一章でも書いたように、会社を辞めてから一年は、ＩＣと言われるホロスコープのポイントがあるうお座に天王星が入り、三回も南の島に行ったのも、天然のタラソテラピーとして、治癒をよい方向に進めたのだと思います。私のＩＣは、海を表すうお座にあるせいか、インドネシアのバリ島でオイルトリートメント三昧の日々を送り、沖縄の石垣島のビーチや東京の御蔵島でイルカと泳ぐなどしたんですね。とくに、御蔵島でのドルフィンスイムはすばらしい経験で、御蔵島から帰ったあとに湿疹が消えていることに気づいたのでした。半年を要したアマルガムの除去と合わせてですが、やはり海の持つ癒しの力はすばらしいと認識させられた出来ごとです。

クラシカルホメオパシーとの出会い

これらが2003年から2004年のことですが、その後、体内の水銀は完全にデトックスされることはないけれど、ホメオパシー療法のレメディを用いると排出される可能性があると、ネットでアマルガムについて調べていて知りました。いつかホメオパシーのセッションも受けてみたいなと思っていたとき、友人の紹介でお会いしたのがクラシカルホメオパシーの資格を持った方でした。世界的に著名なホメオパス（ホメオパシー療法のドクター）であるヴィソルカス博士の日本校の一期生の方でしたが、卒業したばかりで実践を積みたいからと無料でセッションが受けられることになったのです。ヴィソルカス博士のマスコミ向けのセミナーを聞けたのも、今思うととてもラッキーでした。

ホメオパシーは、1796年にドイツのハーネマンという医師が提唱した自然療法です。ドイツ初め、EU諸国ではとても一般的で、街中にホメオパシー薬局が普通にあります。スイスでは健康保険も適用されています。

ホメオパシーのセッションは独特で、一～二時間、コンサルテーションに時間をかけるのが普通です。その人の深層にある深いもの、レメディ像をコンサルテーションで現れたキーフレーズから探り出すのです。レメディは小さな白い砂糖玉ですが、物質がなくなるほど希釈し、サーカッション（振盪）を加えてあるので、レメディに残るのは波動だけ。希釈し、振盪するほどエネルギーが高くなるのが不思議なところです。

レメディは、植物、昆虫、鉱物など、自然界のあらゆるものの波動から作られます。クラシカルホメオパシーとは、何百種類とレメディがある中で、一度にひとつのレメディを摂るもの。ハーネマンが提唱したやり方に近いためにクラシカルとされています。クラシカルと言っていないホメオパシー療法では、希釈率の高い（つまりエネルギーの高い）レメディを一度に何種類も摂り、変容もパワフルなことが多いようです。その分、好転反応も激烈になることがあると聞くので、納得して受けることが大切だと思います。私はより自然なほうが好きなのと、クラシカルホメオパシーであっても、それがヒットしたときのエネルギーの変化を経験しているので、クラシカルを好んでいます。

このときは、「暗闇もおばけも雷も嫌い」という私の言葉から選ばれたフォスフォロスというレメディがすばらしく効いて、初めに30Cを摂ったときには、スピリチュアルカウンセラーの江原啓之さんの取材が10月に、パリのインテリア取材が11月に、そして、占星術家のジョナサン・ケイナーの本の編集が12月に決まるというように、仕事運がとてもよくなったのを思い出します。因果関係を証明できるわけではありませんが、エネルギーが高まると、自分の潜在能力が十分、発揮されるからだと思っています。

その半年後、同じフォスフォロスの200Cというよりポーテンシーの高いものを摂ったときには突然の高熱とともに、古い痛みの感情のエネルギーが空中に浮かび上がるという不思議な経験もしました。朝は普通に打ち合わせに出かけていたのに、神保町の出版社で具合が悪くなり、慌てて戻る途中、駅のベンチで座り込んでいると、目の前に感情がぽっかり浮かんでいるように感じられたのです。それより五年前の2000年頃、感情的につらい時期があり、ひと月ほど、声が出なくなったことがあり、そのときの感情が突然に思い出されました。ただその感情は、今の自分のものではないのは確かで、喉に溜まっていた過去のネガティヴなエネルギーが昇華されたのだとわかりました。このフォスフォロスというレメディの30Cはいまだに、喉の弱い私のお守りのように、咳のための常備薬代わりとなっています。ちょっと喉が痛いなという軽いものから、インフルエンザなどのひどい咳でも、これをリピートしていると治ってくるのです。

当時、ミクシィのプライベートな日記でホメオパシーについて触れています。十五年前、ホメオパシーの癒しの直後なので、自己肯定感にあふれていますね。

2006.2.12

クラシカルホメオパシーを始めてから、もうすぐ半年。
合わせても一万円しないくらいの金平糖で、
こんなにも癒しが進むとは。
二十一世紀はホメオパシーの時代というのは、本当だろうなあ。
ホメオパシーは、身体の言語を書き換えてくれる。
とまどっていた部分、愛に欠けていた部分を癒し、
生まれたままの自分にしてくれる。
それがリアルに感じられるし、周りで紹介した人たちも、
素直な、その人らしさがどんどん現れてくる。
いいものは、独占せずに広めると、自分の環境自体がよくなる、
と心から思う。

仕事にしてもそう。
今、インテリアを柱に、

ハンドメイド、占星術、身体、スピリチュアルと
自分の中のすべてをフルに使っている。
と言うか、使わせてもらっている。
それらは、すべて、この間チャネリングで言われた
「生活スタイル」と人の幸せと関わっていること。

この半年は、仕事運も上がったと思う。
江原さんに六ページのインタビューをさせてもらったり、
インテリアルポの取材に編集も兼ねてパリに飛んだり、
ジョナサン・ケイナー本の編集をしたり。
来月も、また占いの大型企画の取材・執筆のお仕事をいただいた。
とってもありがたいことだし、
限定せずに、自分らしく仕事をしていられることがうれしい。
そんな自分になれたのも、ホメオパシーに
助けられた部分が大きいと思う。

今日ＴＶで、ある俳優さんが言っていたこと。
今いろんなことをやっているけれど、
その点と点がいつか線で結ばれて、
大きなこと、自分らしいことになるんじゃないかと
期待している。
彼も、早くからドラマに、映画に、小説にと活躍してきた人。
点と点が線になる感じ、よくわかる！

この間、あるモデルさんも、
モデルから女優へというコースをたどるんじゃなく、
ドラマから声を掛けてもらったら、ドラマもやりたいけれど、
モデルもやるし、時々しているデザインの仕事も続けて、
今までにない、自分らしい人になりたいと言っていた。

もちろん彼らとスケールは違うけど、
彼らの気持ちは、よくわかる。

22歳から、もうすぐ十二年。
ずっと雑誌や本を作る仕事をしてきて、
十年間の編集者生活も私の大切な一部でキャリア。
『私の部屋』もそのあとの雑誌も、
ライフスタイル業界では定評のある、
ちゃんとした本を作る会社。
その中で、ずっと企画も進行もして、
原稿も書いてきたことは、やっぱりとても大きな財産。
原稿がそんなにうまいわけではないけど、
私の個性は、編集者と一緒に構成もできるページづくりにあって、
そこがみんなに喜ばれているのだと思う。
ちゃんとわかっている人は、そう評価してくれる。
フリーランス側だけでなく、
仕事を発注する編集者側の気持ちも状況もわかっているのも、
さらに大きな財産だなあ。

編集だけ、ライターだけと決めずに、
時には自分で本を書いたりしてもいいし、
自由に仕事をしていきたいなあ。
いかにもアクエリアスの時代っぽい。
みずがめ座火星の私にとっては、すごく生きやすい時代。
名刺には、編集・ライターと入れているけれど、
肩書きは何でもよかったりする。
もちろん、完成度を高く保つのは当然のことだけど。

「自分らしさ」には、
先輩後輩の序列も、勝ち負けも、競争も、肩書きもない。
愛に欠けているそういう差別は一切ない。

自分のエゴを満足させるだけでなく、
読者に喜んでもらえる、そして、声を掛けてくれた
編集者にも喜ばれる、そんな存在でありたいな。

そうすることで、いい循環が生まれて、
お仕事もいっぱいいいただけるんじゃないかなあ。
ＴＶで耳にしたひと言から、
そんなふうにしみじみ思ったのでした。

仕事が限られていると思えば、
人と競争したり、独占したりもするんだろうけど、
これだけ雑誌が創刊される昨今。
自分に惹きつける力さえあれば、
仕事は山のようにあるんだと思う。

そして、愛に欠けている人にこそ、
ホメオパシーを飲んで幸せになってほしいなあと願う。

ただクラシカルホメオパシーのコンサルテーションは、その人に合うたったひとつの

レメディを半年から一年くらいかけて、セッションを重ねて探していくので、まどろっこしいところもあります。２０１３年に甲状腺機能障害が出たときには、別のホメオパスの方にお願いしたこともあるのですが、セッションを重ねても、レメディ像が見えないと言われてしまったり、わからないことを説明してくれなかったり。ホメオパスによる力量の差、クライアントとの相性というホメオパシー療法の限界も、身をもって知ることになりました。ホメオパスが知識と頭だけでジャッジしようとしていると、ホメオパシー療法はうまくいかない。その人の全体像をつかみ、エネルギーを見る力がないと、合うレメディ像を見極められないのですね。

とは言え、「似たものが似たものを癒す」というホメオパシーの概念が波動治療の世界に私の目をひらいてくれたのは確かです。当時は、フラワーエッセンスにはあまり惹かれませんでした。イギリスの「バッチフラワーレメディ」の製品がようやく一般的になったくらいだったのですが、フィンランドのスキンケアブランドのフラワーエッセンスで経験したセラピーはフラワーカードで選ぶもので、今ひとつピンと来なかったのです。ホメオパシーほどの癒しの力を実感できなかった。これも、プラクティショナーの力量やエッセンスのブランドの波動によって、自分に合う、合わないがすごくあるためだと思います。

ジルコニア・インプラントを入れる

アマルガムを除去し、治療したはずの奥歯が2011年頃からとても悪くなり、自然に四本も抜けてしまい、当時住んでいた沖縄で再び治療を始めました。最終的には金属ではないジルコニアのインプラントを入れました。

インプラントには普通、チタンを使いますが、金属ですから、アマルガムの金属アレルギーでひどい目にあった私にとっては心配でした。不思議なことも続き、沖縄でチタンのインプラントを入れようとすると、レントゲンを撮ってもなぜか写っていないなどトラブルが発生して、どうしても治療が進まないのです。

それで、東京のジルコニア・インプラントのクリニックで金属アレルギー検査を受けたところ、担当の女医さんが『ＥＬＬＥ（エル）』の私の連載の熱心な読者の方で、ジルコニア・インプラントの手術がよりリーズナブルにできる、熊本のクリニックを勧めてくださったのです。私は当時、沖縄に住んでいたので、どうせ飛行機に乗るなら、東京でも熊本でも変わらなかったため、思い切って熊本でジルコニア・インプラントを入れることにしました。熊本には幣立神宮というスピリチュアル系で有名な神社や私の生まれ育った町にもある阿蘇神社の総本社があり、何度か訪れて土地勘があることも、あと押しとなりました。熊本地震の前年、２０１５年のことでした。

　アマルガムに関する問題と歯の治療はこうして終わったものの、甲状腺の問題は残っていました。予防注射や西洋医学の薬をほとんど入れていないときの私の身体は、ホメオパシーのレメディに反応しましたが、甲状腺機能低下のためにチラージンという甲状腺ホルモンのお薬を入れてしまってからは、ホメオパスにも合うレメディが見えないと言われたほどでした。さらに、エイジングによる身体の変化とともに、２０１６年から２０１７年は身体がだるくて仕方ないし、エネルギーも低下したつらい時期がありました。ちょうど私の生まれたときのホロスコープでは、トランジットの土星が１ハウスにある木星や海王星を通過した直後くらいで、出生の土星や太陽、金星などにはハードアスペクトを取っていました。まだ身体のつらさをひきずっていた２０１８年の春、エネルギー的にとても苦しいときに出会ったのが先述の蘭のお花の波動から作られるエッセンスでした。

蘭のエッセンスとの出会い

そもそも、身体中に湿疹が出ても、ステロイドを入れなかった私が化学物質である甲状腺ホルモンのお薬を入れてしまったのは、2013年の春、初めに甲状腺機能低下症がわかったときに、「甲状腺にしこりがある、癌かもしれない」と沖縄の医師に言われたからです。東京の専門病院で細胞診をしても良性で、以来、大きくなることもなかったのですが、初めに癌かもしれないと言われたショックと、甲状腺の機能低下とともに集中力が落ち、原稿が書けなくなっていたことから、薬は摂り続けていました。

蘭のエッセンスとの出会いのきっかけは、それまでエネルギーの浄化をしてくれていた女性のヒーラーさんが燃え尽きてしまったこと。魂の乗り物であるマカバの存在を教えてくれたり、霊的な悪影響を取り去ったり、その時期に合ったエネルギーをアチューメントしたり。そんな世界を教えてくれた人ですが、低いものにつながってしまったのか、彼女のスピリチュアルなエゴがとても強くなり、敵意のようなものを向けられるようになりました。それまでもコンディションが一定ではなく、プライベートで約束していても理由のないドタキャンは多い人でしたが、その傾向がさらに強くなりました。

ヒーラーのコンディションや気分によって、できたりできなかったりという個人によるヒーリングの限界を感じましたし、私が紹介した人たちからも悪評を聞くようになりました。ヒーリングも拒絶されるに至って、お付き合いは諦め、ネットで浄化アイテムを探してたどり着いたのが蘭のエッセンスだったのです。

甲状腺機能低下による集中力の低下を蘭のエッセンスたちはカバーしてくれました。夜遅くまで原稿を書いているうちに目が冴えてしまい、睡眠リズムが狂いがちなところもフォローしてくれるエッセンスがあるのには驚きましたし、人の念から守ってくれるオーラスプレーまであったのです。実は、初めに手に入れたのはこうした守りのスプレーで、それを使うと、念を送っている人の顔が浮かぶのです。ネガティヴな念、生き霊を送ってくるのが誰なのか明確にわかるようになり、お花の不思議な力にたちまち惹きつけられました。

蘭のエッセンスを監修されているエイドリアン・ブリット＝ババプーレ博士がもともとスリランカの医師で、かつホメオパスだということも、クラシカルホメオパシーによる癒しの経験を持つ私には不思議なシンクロニシティであり、安心感をもたらしてくれるものでした。ホメオパスとしてロンドンで開業されている博士は、クラシカルホメオパシーのヴィソルカス博士（私が最初にレメディを出していただいたホメオパスの師）とも旧知の間柄だというのですから、海を超えたご縁の不思議に驚きました。

蘭のエッセンスの不思議なところは、癒しのプロセスに物語があることです。人の念から守るようなオーラスプレーの次にセルフケアで選んだのは、「ライフ サイクルリニューアル」と「セルフリニューアル」という二本のエッセンスでした。あるオンラインショップでセールになっていた中で、なんとなく気になっただけだったのですが、前者は「更年期の女性に」、後者は「喪失感に苦しむ女性に」とありました。年齢的にホルモンバランスが気になっていましたし、フラワーエッセンスには好転反応はほとんどないとも書かれていたので、インスピレーションで選べました。すると、それぞれを一日数滴ずつ、三週間摂っただけで、病院の検査数値が改善され、甲状腺のお薬を減らすことができたのですね。

そして三ヶ月後、「セラピューティック エナジーキネシオロジー」というセラピーのコースを取ることになり、日本で蘭のエッセンスを広めている寺山順子さんのアドバイスで、その年の10月にできたばかりの「サイミックハート」というエッセンスを摂りました。「サイミックハート」のエネルギーポイントが甲状腺にも近いので、私の状態にもいいかもしれないということでした。すると、二週間「サイミックハート」を摂っただけで病院の検査数値が改善し、今度は断薬できたのです。エッセンスではエネルギーをよくすることだけを考えていたので、そんなおまけがついてくるとは思ってもみないこと。本当に驚きました。その後、ブリト＝ババプーレ博士のアドバイスで、寺山順子さんに甲状腺のホメオパシーのレメディを出していただいたり、病院での検査もしたりと様子を見ていましたが、二年経った今でも断薬は続いています。

同時に気づかされたのは、占星術とのシンクロニシティです。この治癒のプロセスは、２０１８年の５月に、おうし座に天王星が入ってからの出来ごと。天王星が移動してから、エッセンスに出会ったのですが、おうし座が身体の部位で表すのは喉や甲状腺です。天王星には変革のエネルギーがあります。甲状腺の問題にブレークスルーをもたらすようなエネルギーがそもそもある中で、導かれるようにエッセンスに出会ったことになります。

また、蘭のエッセンスは、スコットランドの小さな島で、アメリカ出身のドン・デニス氏が作っているのですが、守られた温室でお花が咲いたときにだけ作られるということにも感動しました。工場などでは人間が生産管理をして進行を決めるのが一般的だと思いますが、蘭のエッセンスの場合は、作られるタイミングが人為的に決められていない、宇宙とシンクロしているのです。お花が咲く瞬間にも誕生のチャートがあり、そのときの宇宙のエネルギーがお花の波動に転写され、さらにエッセンスにも入っているわけです。

占星術に出会う前から宇宙に漂うフローは感じていて、東京にいるときの私は、そのフローを軽々と受け取り、波に乗っていくことができました。でも、エイジングや病気とともにそれができなくなっていました。いくら星が読めるようになっても、波乗りが下手になってしまったのでは意味がないのに、占星術家のパラドックスに私もはまりこんでいたのですが、そのエネルギーを地上に降ろした商品があった、しかもこんなに安価なものでと驚いたんですね。エッセンスボトルは、15㎖で3800円からありますから。おひつじ座の天王星時代のエゴや戦いの世界に疲れ切っていた私は、エゴのないお花の世界に夢中になっていったのです。

占星術と蘭のエッセンスの共通点

自分でエッセンスのセッションもするようになり、よくよくわかってきたのですが、蘭のエッセンスを作るプロセスではホメオパシーのように希釈やサーカッション（振盪）がないため、エネルギーは非常にピュアですが、治癒には個人差が大きい。私と同じように、「ライフ サイクルリニューアル」「セルフリニューアル」「サイミックハート」の順に摂ったところで、誰もが同じように効果を実感できるわけではないことです。治癒のプロセスは、あくまでも私だけ、その人だけの物語なのです。身体を治しているわけではなく、心とエネルギーを癒すと結果がついてくることがあるのですね。

その意味では占星術を通じて、私がやりたいこととともよく似ていました。蘭のエッセンスとの出会いで気づかされたのは、私はずっとその人の全体を見て、物語を読み解くようにしていたこと。その人をどんどん掘り下げていくと、そこにすべての問題のコアのようなエネルギーが存在することがあり、蘭のエッセンスは、そこに至る道のりを楽にしてくれるのです。ホロスコープが眼鏡なら、エッセンスは光。光と眼鏡によって、相手をありのままに見ることができるわけです。テクニックや過去の占星術を研究するのではなく、ホリスティックな、今のその人に役立つ、幸福にするようなアストロロジー。ライフスタイルに密着したアストロロジーを展開したかったのだということが確認できましたし、また蘭のエッセンスにはエンハンサーといわれる魂に働きかけるものが多く存在しました。それも、占星術を通して私がやりたいことでした。

たとえば、両親のコントロールを受け、無条件の愛情を感じられないでいた人。罪悪感に苦しんでいる人。男性性ばかりをがんばり、女性性が癒されないでいる人。そうした問題はホロスコープにも表れていますが、そのエネルギーの詰まりのようなものを掃除すれば、たとえ同じ生まれであっても、ずっと人生の流れがよくなるはずなのに、といつも思っていました。それを私の言葉だけでやり続けるのは限界を感じていました。セッションを受けた直後はみなさん、意識やエネルギーがすごく変わられるのですが、もう少し私が楽にできるように助けてくれるもの、また私が話した言葉をみなさんに覚えていてもらう記憶媒体のようなもの、変化したエネルギーを維持させてくれるものが欲しいとずっと思っていたのですね。そのためのエンハンサーとして、蘭のエッセンスは働いてくれる！　と直感したわけです。

蘭のエッセンスは、十年も前に日本に入ってきて市販されている。どうして今まで、こんなによいものに気づかなかったのかと愕然としました。エッセンスと出会ったとき、私は京都にいましたが、東京に住んでいた頃に比べて情報量が少なくなっていることを改めて感じました。東京では黙って座っていても手に入るものが地方では取りに行かないと出会わない。地方でも得られる情報量が増えてきたはずですが、やはり時差はあるのですね。

東京にいた頃、スピリチュアルショップで見かけていたほかのエッセンスは、「恋愛成就」や「アバンダンス（豊かさ）」など、どこか三次元的な成功に結びついているものが多かったので、意識から外していたのもあるかもしれません。東京時代、とくに中目黒に住んでいた頃は、たまたまマンションの目の前にスピリチュアルショップがありました。遊び感覚でアバンダンスのエッセンスなどを試してみたことはあるのですが、情報の中心地である東京の、しかも雑誌の世界にいたので、そもそも黙っていても情報という豊かさの種がやってきていました。世界中のサイキックが来日すると、「無料でセッションを受けたうえで、ブログで紹介してほしい」と向こうから頼まれる。そんなインフルエンサーの走りのようなこともしていたわけですから、（情報や招待という意味では）すでにアバンダンスな状態だったのか、それらのエッセンスの効果のほどはわからなかったのです。

また最近の占星術の世界ではテクニックに依存するような、アカデミックで男性的な占星術が盛んで、私は、それにはやや違和感がありました。もちろんテクニックも大切なので、海外のテクニックも機会を見つけては勉強していたのですが、未来をいくら読んだところで、その人が幸せになるわけではないことに残念な気持ちがしていました。一部の占星術師の「未来を当てる自分はすごいのだ」というエゴも苦手に感じていました。逆にベクトルを過去に向け、占星術の歴史を紐解いて、ルネッサンス期の占星術を勉強しても、そのときと現代では星まわりが違うために、時代のエネルギーも違い、現代の生活にどこまで役に立つのだろうかという疑問も。でも、海外のフラワーエッセンスの世界には占星術師で、そのうえフラワーエッセンスも監修しているという女性の大家が何人もいることがわかり、私はこちらのタイプかもしれないと方向性に関する迷いをなくしてくれました。

そして、私を何よりほっととさせてくれたのは、太陽系でひどい星まわりが続いていても、その影響を癒してくれるような高次元のエネルギーが地上に届き、商品化されていたことでした。２０１４年から２０１６年頃、やぎ座の冥王星とおひつじ座の天王星のスクエアというハードな角度がつらい時代、星を読むのが嫌になっていた時期があるのです。みんなに希望を伝えたくて占星術をやっていたのに、星のメッセージそのものが闇を感じさせたからです。でも、エッセンスがあれば、暗闇の時代もなんとか抜けていける。宇宙は、惑星のハードアスペクトで私たちの潜在意識をあぶり出してもいるけれど、それを癒すものもくれていたと信じられたからです。読者のみなさんにも蘭のエッセンスの本質を伝えたいと強く思い、また仕事にも前向きになれました。エッセンスが私を本来の星の軌道に戻してくれたように感じられました。

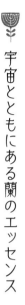

宇宙とともにある蘭のエッセンス

２０１８年の5月から11月にかけて、身体の部位では喉や甲状腺を表すおうし座に天王星が滞在しました。その間に咲いた蘭のエッセンスは、「サイミックハート」と名づけられ、そのエッセンスが最終的なあと押しとなって、甲状腺のお薬をやめられたことは書きましたね。でも、蘭のエッセンスの宇宙とのシンクロぶりは、それだけではありませんでした。

たとえば、２０１９年の1月、しし座の月食の晩に咲いた蘭で作られた「ライジングアゲインストザダーク」というエッセンス。「闇に打ち勝ち、上昇する」という名前は、監修のブリトー＝ババプーレ博士が蘭のエッセンスのエネルギーを読んでつけているのですが、そのときの星まわりが「まさに」というものだったからです。やぎ座に太陽、水星、土星、冥王星が集まり、重苦しいものがあった1月。20日に太陽がみずがめ座に入ったあと、21日にしし座の0度で月食があり、自分らしくあろうというしし座のパワーが宿ったときに咲いたお花。蘭が媒介となって、宇宙のパワーを受け取っているのだと理解できたのでした。しし座の守護星は太陽、つまり意識の光ですから、支配やコントロールといった闇に光が切り込み、闇をあぶり出すことになるのですね。

蘭のエッセンスは、保存用にコニャックが使われています。酒税法ではみりん扱いなので、日本に輸入するために塩を入れなくてはならず、舌下に垂らすとしょっぱいのですが、それらは保存や物流のためにすぎません。エッセンス自体には物質は何も入っていない、波動だけなんですね。とくに、この蘭のエッセンスは、お花が咲いたときにマザーティンクチャー（母液）を作っているので、そこに人間の作為が入っていない。しかも月の光、太陽の光に開花したお花をかざすだけですから、純粋な宇宙のパワーがもらえるのです。商業ベースでは「こんなものを作ろう」と企画して作ることが一般的ですが、それだと人間のエゴや意図を超えることができません。蘭のエッセンスの「お花まかせ」「宇宙まかせ」のところが私はとても好きなのです。

また春から初夏にかけて、みずがめ座に土星が入った2020年は、シュンガイトというロシアのパワーストーンの波動で作られたエッセンスができました。このエッセンスは、極性の偏りを正してくれるので、男性性（能動性）と女性性（受動性）のバランスが自然と取れるようになるのですが、それはまさにみずがめ座のエネルギーです。伝統的な男女の役割分担で疲れているときなど、このエッセンスで元気になれたりする。みずがめ座の水瓶は道具。あまり感情的な星座ではありませんから、生々しさのないパワーストーンなのかとこれも納得。次にどんなエッセンスができるのかなと、それもまた楽しみなのです（この本の推敲中、２０２０年の木星と土星のグレートコンジャンクションに花がひらきはじめ、クリスマスに「ニュービギニングス」という新しいエッセンスが完成したという知らせがやってきました。グレコンの波動に乗っていくためのエッセンス！　本当に楽しみですね）。

ここで、エッセンスの作り手、ドン・デニス氏の著書、『蘭のフラワーエッセンス―そのエネルギーと癒し　リビングトゥリーオーキッドエッセンスガイド』（フレグランスジャーナル社）から、私の好きな一節をご紹介させていただきます。

＊

蘭を植物学的な観点でのみとらえるとき、それはまるでモーツァルトの音楽を紙の上だけで学び、聴いたことがないまま称賛しているのと同じようなものです。私が確信をしているまったく驚くべき蘭の花の質は、蘭のフラワーエッセンスを摂るとかなり早く経験できます。目に見えないものを感じ取る感覚の優れた人でなければ、エッセンスを摂ることなしに、蘭の花の音楽、目には見えないその素晴らしい側面は素通りしてしまうでしょう。

私がこれまでしてきた、エッセンスの生きた成分は、単に花の生物電気的な質だという説明は、実はちょっぴり〝真実を隠して〟いました。エッセンスづくりの分野では、一般的にエッセンスボトルの中の液体にはいくらか植物と花の意識があると私たちは考えています。それは生きたエネルギーです。「意識」と定義することは、科学の分野において物議を醸し出しますから、私は、フラワーエッセンスで経験するこの側面については科学的に説明することにあまり高い希望はもっていません。しかし、フラワーエッセンスの作り手たちとセラピストたちの双方の経験は、これらの水とアルコールからなる小さなボトルたちには確かに植物の生きた意識の何かが入っているようだというものです。そして、蘭の花の場合、その意識はとても高いのです。

＊

この部分は、天文学と占星術の関係になぞらえるとよくわかります。現代の天文学の世界では惑星に意識があるなどとは有り得ないことかもしれません。占星術がトレンドになっているとは言え、過去の遺物であり、おとぎ話のようにとらえられることもあります。でも、占星術を書物の中で学ぶだけでなく、実際に惑星の動きによって、私たちの心や精神、人生に起こる変化を肌で感じてみると、惑星の意識としか言えないものが私たちに働きかけていることを知ることになります。占星術は天体の醸し出す音楽であり、ハーモニーなのだと感じるのです。

「セラピューティック エナジーキネシオロジー」の世界

一般にキネシオロジーと言うと、身体の運動にまつわる研究全般を指すようです。整形外科やリハビリテーションなどもキネシオロジーですが、それらは機能や生理を重視したもの。ほかに、カイロプラクティックや東洋医学と関わりの深い、代替療法としてのキネシオロジーも存在しています。

私が学んだのは、そのどちらとも異なる、スピリチュアルで、エネルギーの世界に踏み込んだものですが、スイスではオフィシャルにセラピーとして効果が認められたそうです。セッションではクライエントにはベッドに寝てもらい、プラクティショナーが足もとに立ちます。クライエントには腕や手を動かしたり、経穴を中心としたポイントを指で指したりしてもらいます。そして、プラクティショナーは足の筋反射で、エネルギーの状態を見ていきます。

プロトコールの最初ではクライエントが自分自身を生きているか、それとも外側の世界に合わせているか魂の状態を見ます。これは私がホロスコープを通して、その人を見るときとも不思議にシンクロしていました。ホロスコープは自分自身の世界観を表すものですが、アセンダントやIC、DC、MCからなる自分の天球が外側の世界であり、世界から期待されたもの、惑星が自分の魂だと言えます。アセンダントのような期待された役割に徹し、イメージどおりの自分を生きていると、自分の中の星たちは元気がなくなってしまうことが多いのですが、私は、その違いを感覚で見ていました。でも、このキネシオロジーでは魂の状態が筋反射で出るのかと驚いたものです。私の感覚で言われるより、自分の筋肉が教えてくれるほうがクライエント自身も納得するはずです。

決められたプロトコールを続け、筋肉の反応を見ていくと、不足している栄養素、宇宙とのつながり、骨盤のエネルギー、両親や先祖からの影響など、プラクティショナーにはさまざまな情報がもたらされます。ネガティヴな反応があるときには対応する蘭のエッセンスを入れるのですが、こうした一連のワークを通じて、クライエントのエネルギーも整います（中には整体に行っても痛いままだった腰が一回で治ったという人もいました）。これまでたくさんのヒーリングを取材してきましたが、そのどれとも違い、魂の状態をわかりやすく教えてくれながら、身体のエネルギーを整えるというスペシャルなものでした。

　ホロスコープはよく心のレントゲンだと言うのですが、「セラピューティック エナジーキネシオロジー」は、さらに細かくCTを撮るような感じ。ホロスコープが過去も未来も、可能性を示唆するのに対し、「セラピューティック エナジーキネシオロジー」は精度がとても高く、クライエントの現在の状態を教えてくれるのです。

　たとえば、ホロスコープのセッションでは、ずっと仕事の相談をしているのに、最後の五分になって「本当は結婚したい」という望みが出てくることがよくあります。クライエント本人の顕在意識と潜在意識が全然違うので、潜在意識のレベルに降りていくには時間が足りないこともありました。そうしたときのセッションはすごくうまくいっているはずなのに、なんとなく本質に届いていない、かすっているような、軽い感覚があるのです。素敵な夢を見せることも、可能性を提示することもできるけれど、それは浅いレベルかもしれないとだんだんわかってきました。でも、「セラピューティック エナジーキネシオロジー」だと、最初から身体が潜在意識レベルで答えてくれるので、話が早いのですね。深いものがあるゆえに触られたくなくて、無意識に自分を隠してしまうような方のセッションでは本当に役立ちます。

２０１８年の秋にコースを履修後、２０１９年には四人の方にそれぞれ三回ずつケースを取って、秋には無事、資格を取得しました。初めは軽い気持ちだったので、思いがけず大変ではあったのですが、ホロスコープのセッションで私がやりたかったことと内容が近く、学びには喜びがありました。

クラシカルホメオパシーの癒し再び

「クラシカルホメオパシーとの出会い」に書いたように、自分のレメディとして、最初にフォスフォロスを出してもらって、ハッキリと変化を実感できたものの、それ以降の数人のホメオパスにお願いしたセッションは、あまりうまくいったとは言えませんでした。「セラピューティック エナジーキネシオロジー」と違い、ホメオパシーでは言葉のやりとりが中心になるので、どうしてもホメオパスの言語能力や直観に頼らざるを得ない。もちろん、パーソナリティの相性もあります。その点で、それ以上、癒しが進まないもどかしさがありました。

それが２０１９年、「セラピューティック エナジーキネシオロジー」の資格取得を目指し、ケースを取っているときに、コースの指導者でもある寺山順子さんがクラシカルホメオパシーのホメオパスを紹介してくださったのです。寺山さんは、当時、ホメオパスの資格取得を目指して、京都のホメオパシースクールに通っていらしたので、授業のセッションにモニターとして参加してくれる人を探していたのでした。何回もセッションを受けたのに、「あなたに合うレメディは見つかりませんでした」というのはもう避けたかったので、クライエント役のモニターで、しかも先生が見てくださるならと軽い気持ちで参加してみたのです。

セッションをしてくださったのは、ホメオパスとして、すでにキャリアのある野村潤平さん。授業ですから、たくさんの生徒さんからの注目が集まり、緊張したのですが、これまでのホメオパスとは違う感触が最初からありました。あとで知ったのですが、もともと看護師さんで、シュタイナーなども深く勉強されていたようなので、とても力のある方だったのだと思います。私も、シュタイナー系のワークをほんの少しかじったことがあるせいか、野村先生のセッションはとてもしっくりきました。

そのとき、私は、親しくしていた人に嘘をつかれたりして、とても嫌な思いをしたあと。その事件からは何ヶ月か経つのにささくれ立った気持ちでいました。その心境を「せっかく外敵の入ってこない王国、お花畑を作ってきたのに、張りめぐらしていた安全な塀を壊されたような感じ」と表現した私の言葉から、イグナチアというレメディを見つけていただきました。甲状腺の薬をやめてから半年以上経っていたのもあると思いますが、蘭のエッセンスの光で、私の深いところにある問題が見えやすくなっていたのではないか。今は、そんなふうに思っています。

トラブルになった女性に「セラピューティック エナジーキネシオロジー」の施術の一部をお試しでしたときに「偽りがある」という項目で、筋肉が反応したことがありました。それを本人に伝えたとき、ギョッという感じで顔色がすごく変わったのを思い出します。あとになって嘘をつかれていたことを知って、ショックではありましたが、「セラピューティック エナジーキネシオロジー」のすごさに驚いてしまいました。でも、その事件のショックがあって、ホメオパシーのレメディの発見につながったのですから、宇宙に無駄はないなあと思います。今思うと、彼女は過去の喪失の傷と、それによって空いた心の穴が埋まっていなくて、それを隠して生きていたために「偽り」が出たのでしょうね。嘘をつくつもりはなく、誰にでも相手が望んでいる顔を見せてしまう、自分のない人だったんだろうなあと思います。

ここで、セッション後の野村先生のメールをご紹介します。

レメディ名については、お伝えしないほうがよいという意見が
ホメオパシーの世界には根強くあります。

レメディ名をお伝えすると、
レメディの症状に関することだけに関心が向かってしまったり、
最近はブログなどの不確かな情報も多いので、
それに影響されてしまったりすることがあるからです。

私は基本的にはほとんどのクライエントさまにレメディ名をお伝えしています。
例外として、ホメオパシーを詳しく学ばれている方やホメオパスには
最初はお伝えしないようにしています。

私はSayaさまにもレメディ名をお伝えするつもりでしたが、
教室での検討の結果、できるだけフラットなご感想をいただくにはお伝えしないほうが
よいのではないかということになり、最初はお伝えしないことになりました。

レメディ名がわからないまま摂取されるのがとても苦手とのことですので、お伝えいたします。
レメディはIgnatia amara（イグナチアアマラ）200Cです。
これまで飲まれたことはあるでしょうか？

私がSayaさまの状態をどのようにとらえたかもお伝えしておきます。
これもセッション後にお伝えしようか一瞬迷ったのですが、
生徒さんが考える機会を失うので、お伝えいたしませんでした。

境界線の内側には秩序、大事なもの、お花畑、暖かさや安心、誇りがあり、
境界線の外側にはカオス、わけのわからない人やルール無視の無礼な人、悪意、
冷たく硬いものが存在している。

丹精込めたお花畑は城壁やシールドで外界からしっかり守らなければならない。
それは「最後の砦」でもある。

外側の存在がお花畑を荒らしに来る理由は、
単なるやっかみ（嫉妬）としか思えない。

しかし、本来、外側にいるべき存在が実は内側にいたり、
内側の存在だと思っていたものが外側の存在だったりすることが時に発覚し、
その都度強いショックと失望感で城壁が音を立てて崩れ去ってしまう。

喉に多くの不調が起こるのは、
喉は頭（理性）と胸（感情＝非合理）の境界に位置しているからかもしれない。

野村先生のこの簡潔で美しいメールにはホメオパスジプシーを続けていた私も、ようやっと信頼できるホメオパスに出会えたと感動してしまいました（レメディ像を教えないで摂取するように勧める考え方は、ホメオパスの中では根強いようですが、ホメオパシーにはエッセンスとは比べられないほどの強い好転反応が出ることもあるのに乱暴と

言いますか、現代にそぐわない気がするので、私は、レメディ像をきちんと説明してくださる、誠意あるホメオパスをお勧めします）。そして、このイグナチアは、私のフォスフォロスのペルソナの下にあるものだ、潜在意識にあるものだとも感じました。同族の中で戦いが絶えなかった土岐氏や豊臣氏に通じるものがあると思いませんか。

この後、もう一度、セッションを受け、イグナチアの1Mというポーテンシーのより高いものを摂ったのち、「王国の壁の存在を感じなくなった」という私の言葉でセッションは終了となりました。ほかを寄せつけないような私の態度が消えたのか、人間関係も、仕事もこのあと変わっていった気がします。

イグナチアに関しては、こちらの本、『ホメオパシー心理学 主要レメディー35のパーソナリティー・プロフィール』（フレグランスジャーナル社）の表現がぴったりだったので、いくつか引用させていただきます。

まずは、こんな描写がありましたが、占星術を追求し、太陽を生きることを大切に考える私そのままですね。星で言うと、生まれたときのホロスコープのみずがめ座の火星のパーソナリティかもしれません（文中のＩｇｎａｔｉａをイグナチア、Ｐｈｏｓｐｈｏｒｕｓをフォスフォロスで表記させていただきました）。

＊

イグナチアは最も強力な女性的なタイプであるということができます。健康的なイグナチアの人にはとても鋭い知性があり、卓越した冷静さに起因する自然な権威があります。彼らは「自由に考える人」であることが普通で、最も深いアイデアや最も先進的なアイデアに惹かれます。そして、しばしば、そのようなことを学問的にあるいは職業的に追求します。（中略）非常に多くのイグナチアの女性はフェミニストの考え方を主張します。というのは、彼らは男性と同じくらい（ほとんどの男性よりも）勇気があり、強力で、かつ、他の女性に降りかかっているとと思われる、男性の見下したような態度と男性による支配に怒りを感じるからです。

＊

また、こんな描写も。これも、とてもよくわかりますし、「作っていた壁を壊された」と感じたところから、レメディを発見してもらったのも納得です。星で言うと、ネイタルのかに座の月のパーソナリティに近いです。

＊

イグナチアの子どもが深く傷つけられたら、再び信頼することはないでしょう。傷つけられた心のまわりに壁が形成されはじめます。それは、人生において向き合わなければならないそれぞれの新しい障害が重なるにつれて、より厚くより堅くなる一種の癒合組織のようなものです。最初、この防衛の壁は、拒否された、がっかりさせられた、あるいは、無視されたと感じるときはいつも込み上げてくるような怒りと憤りとして表現されます。普段は愛情豊かなイグナチアは、そのようなときには美しくも冷たい氷の女王となり、痛烈な呪いの言葉を発します。（中略）しかし、それよりも頻繁には、攻撃対象の人は彼女の心から単に切り離され、再び話しかけられることはないでしょう。イグナチアの人は非常に白黒がはっきりしています（彼らは実際に白と黒を他の色よりも頻繁に身につけています）。好き嫌いが明白で、嫌いである場合、感情的に嫌いな人物を切り離してしまうことを望むのが普通です。嫌悪は実際に深く感じた心の傷のために起こるのですが、彼らはそれを忘れようとします。

＊

またイグナチアの少女のこんなエピソードも、私の子ども時代を彷彿とさせます。昭和の家庭はだいたいこんなものだった気はしますが、平日の父の帰宅はいつも深夜。週末や休暇は一緒に遊んでくれたのですが、妹たちもいて、親はいつも忙しそうだったことから、相談ごとを親にすることはなく、自分で解決する癖がついていました。

*

彼女の父親は仕事に取りつかれていて、自宅にはほとんどいないことが明らかになりました。自宅にいるときにも、彼の心はまだ仕事にあり、その少女が父親と直接接する時間は非常にわずかしかなかったのです。さらに、彼女の母親は慢性病に苦しんでいました。そのため、その少女は自分自身を保てない状態になりました。それに加えて、患者は学校で決して幸せだったことはありませんでした。というのは、彼女は敏感で洗練されており、それに対して、他のすべての子どもたちは粗野な家庭環境の出であったため、彼女は「気取った人」としてからかわれました。そして、他の子どもたちは彼女と友達になりませんでしたが、言い換えると、彼女の症状を説明できる単一の傷害事象はありませんでしたが、比較的満足していてリラックスしている両親からのみ得られる自発的な愛情の一種に慢性的に飢えていたのです。そして、この故意でない微妙な拒否の感覚が、学校で受けたそれほど微妙ではない仕打ちによって心の中で増幅されたのです。

＊

もちろん、異なるところもあります。イグナチアの特徴がすべてのイグナチアに当てはまるわけではないからです。「待ち合わせ、パーティー、夜の懇親会などの約束でスケジュールを埋めている」などは、今の私にはないことです（エディター時代はそういう面もあったかもしれません）。

私が最初にホメオパシーの癒しを経験したフォスフォロスについて見てみると、個々の例は当てはまらないのですが、たとえば、こんな表現。確かに、自分のアイデンティティを探していたあの頃の私はフォスフォロス的でした。

＊

自分の自我の感覚が弱いため、フォスフォロスは子どものような強烈さで世界を経験することになります。同様に、自分自身のアイデンティティーの感覚はかなり曖昧で繊細なものとなります。フォスフォロスはまるで霊魂的なスポンジです。ほとんどの人よりもはるかに区別なく、環境から感覚的、感情的、知的な入力を吸収し、感覚と印象の絶え間ない流れの中で、安定した心理学的な中心を求めて努力します。

ある人が成長するにつれて、その人の体質とその人が環境から脅威を感じる度合いによって、恐怖を感じる程度が変わってきます。フォスフォロスは、ほとんどの人よりも自分の環境に敏感で、子ども時代の家庭内のどのような不調和でも不安を生むでしょう。もしそれが長く続くと、その不安がその子どもの個性の一部になってしまうでしょう。

フォスフォロスを虚弱にしているのは、比較的アイデンティティーの感覚が弱いことととともに、外部の影響に対して極端に開放的であることです。彼はあらゆる方向から感覚的な印象とそれらが引き金となる陶酔するような感情の混合物を集中して常に浴びせられているのです。それが彼にとって手に負えなくて、内側で渦巻く気持ちと考えの万華鏡を処理することがもはやできないときに、時々パニックに陥る傾向があります。ですから、フォスフォロスはプレッシャーの下では、特に不安を感じる傾向にあります。また、興奮状態や新しい環境にいるときにも特に不安を感じる傾向があります。（中略）彼は生まれつき冒険好きで、何か新しいことを経験できるあらゆる機会に飛びつく傾向がかなりあります。

＊

またこんな描写も。

＊

フォスフォロスは多くのことを恐れやすいにもかかわらず、彼の冒険心や外向性や「人生を楽しむこと」は、外部への印象に関する限り、しばしば優勢で、呑気で楽天的な性格であるという印象を与えます。フォスフォロスはとても感情的に「透明」なので、この印象は一般に真実です。

＊

私はイグナチアの癒しを経て、最近、再び、フォスフォロスのパーソナリティが強く出てきたように感じています。私のフォスフォロスの印象はいて座なのです。私の生まれたときのホロスコープの木星は、海王星とともにいて座の0度にありますが、全方位に拡散し、きらきらと乱反射するミラーボールのようなエネルギー。この面が強く出てくると、私の周りにはたくさんの人がやってきます。

フォスフォロスという言葉は、「光の使者」を意味し、「光輝く星」のようだという表現もありました。２０１１年に出した最初の本は、『わたしという星になる 12星座のノート』というタイトルなのです！　私を表す特徴的なレメディ像がフォスフォロスとイグナチアであるというのは、どうも間違いなさそうです。フォスフォロスとイグナチアのレメディ像はかなり違うのですが、外に出ていくとフォスフォロスとなり、内に引きこもるとイグナチアとなるようです。

信頼できるホメオパスに出会い、癒されてみると、蘭のエッセンスの光も、それ以前より入りやすくなったように感じています。エッセンスは光を加えていくものですが、クラシカルホメオパシーのレメディは深いところに降りていき、その人を形づくるコアに届く。それによって、星たちのエネルギーも受け取りやすくなり、癒されて、輝いていける。そんなイメージが生まれています。エネルギーが健全になると、書くものにもそれが入るので、仕事にもよい影響が生まれてくるのです。

イグナチアのレメディを摂ったのは二回だけですが、その後、すぐに新刊のお話をいただき、２０２０年秋には『星を味方につける生き方、暮らし方〜不安な時代に翻弄されずに私を生きる〜』（集英社）を出版することもできたのですから。星のタイミング、蘭のエッセンス、「セラピューティック エナジーキネシオロジー」、クラシカルホメオパシーのレメディ。どれかひとつではない、すべての要素が作用して、治癒が起こったようでした。今は、この本のほかにも出版の話が進んでいて、２０１３年に甲状腺機能低下症になって以来、八年も出せなかった本が２０２０年、２０２１年と立て続けに出ることになる。もちろん時代が占星術を求めているのもあると思いますが、エッセンスやホメオパシーの治癒で、エネルギーが上がったおかげだとも思うのです。

蘭のエッセンスやクラシカルホメオパシーのレメディで再び健康を取り戻してみると、霊的な影響に悩まされる回数も俄然、減ってきました。身体が整うと心も整い、邪気が入り込む余地がなくなるものなのかもしれません。やはりボディ、マインド、スピリットのすべてが影響し合い、私たちを作っているのだなあと感じます。

また私の読者さんやクライアントさんには看護師、医師、心理療法士、ソーシャルワーカーなどの医療関係者がとても多く、みなさんの日々の努力や苦労をとてもリスペクトしています。エッセンスやホメオパシーについて話しているからと言って、西洋医学を否定するものではないと付け加えさせてください。もし私に悪性腫瘍ができたら、西洋医学の医師にすがりついているかもしれません。ただ、エネルギーや波動の世界に目がひらかれると、人生をよりよく生きられることはもっと多くの人に知ってほしいなと思います。

たとえば、引きこもりの人などはきっとエネルギーが足りないのです。ホメオパシーのレメディや蘭のエッセンスで変わることもあるかもしれません。朝、起きられない不登校の子どもたちも、「ビーイングインタイム」という太陽のリズムに合うエッセンスで起きられるようになるかもしれません。眠りの質も「スリープオブピース」というエッセンスで改善することがあります（もちろん、全員によいわけではないと思います）。コロナ禍でなかなか病院にも行きづらくなった今、未病の段階で、ホメオパシーのレメディやフラワーエッセンスでセルフケアができたら、みんな、きっと安心できるのではないかと思うのです。

お年寄りの不調にも効果がある場合があります。つい先日も、野村先生に「吐き気がして、食事が喉を通らない」という実家の母にホメオパシーのレメディを出してもらいました。むかむかとした吐き気や腹痛、下痢が一日中あるのですが、症状が一定しないでコロコロ変わる。またコロナのせいで、好きな山や美術展にも出かけられない。散歩などもだんだん行かなくなってしまったという話でした。出していただいたのはプルサティラという高山植物のレメディですが、おもしろいことには、やぎ座らしく山が大好きな母は高山植物も好きで、以前からメールアドレスにプルサティラの和名を使っていたのでした。自分のレメディ像のお花に知らず知らずのうちに惹かれていたのですね。プルサティラのレメディ像が合う人は、高山に自生しているプルサティラそのままに外気が好きなようで、コロナで外出できず、室内でうつうつとしていたのが体調不良につながったのではないかというのが野村先生の見立て。レメディを出していただいた母は一、二週間で時たまの腹痛以外、主訴がほとんどなくなり、とくに精神面でポジティヴになって、私もとても助かりました。ちょうどやぎ座から土星が去ったタイミングでしたが、服用後、三週間が経った頃には腹痛もなくなったそうです。星とレメディが作用し合った例ですね。病院でレントゲンを撮っても機能的には何も悪くないと言われて、ほとほと困っていたようで、家族一同、母の回復をとても喜んでいます。

第四章

月と星のリズムで〜白魔女の暮らし〜

先祖に縁の地、京都に住んで

2011年に沖縄に移り住んだのは静かな環境で本を書きたかったから。でも、その翌年、二冊目の本を書いているときに夫と出会い、本の執筆はひとまずお預けに。沖縄時代の残りの三年は、ふたりの暮らしを作ることで手一杯だったのですね。ただ本を書かないとなると、数ヶ月に一度は東京に行く必要のあるリモートワークには沖縄は遠すぎました。定期的に飛行機で東京に飛ぶ生活に疲れてきたこと。何より、ふたりにとってベストな暮らしをゼロから考えようと、移住を考えるようになりました。移住先に京都を選んだのは、ふたりともトランジットの土星がいて座に入って、学んだり成長したりしたかったから。フリーランスのメリットを最大限生かし、どこにでも住める間に知らない土地に住んでみたかったのもありました。東京や沖縄の価値観になじんだ私たちにとって、「歴史や文化、ものづくり」がベースにあるこの街はとても新鮮に感じられ、2016年の春、京都に移り住みました。

あとづけなところもありますが、ご先祖さま探しをしていると、江戸時代までは京都が都ですから、どの物語も京都に帰結する。たとえば、母方のルーツの土岐氏は、室町時代の美濃の守護の一族ですが、守護代を国に置いて、自分たちは京都にいることも多かったでしょうし、やはり母方のルーツの本多氏は、もともとは上賀茂神社や下鴨神社の賀茂氏だとも言われます。三条河原の秀次事件が起こったのも、ねねさまが建立した高台寺があるのも京都です。父方は栃木ですが、京都と日光東照宮を結ぶ例幣使街道沿いの陣屋ですから、ここにも京都が出てくる。「京都とは何なのだろう」。「私のご先祖は何をしていた人なんだろう」と思ったときと同じように、知りたい気持ちが内心にはありました。

関西での慰霊の旅

母方の先祖の上村（植村）ですが、直接の先祖は足守（岡山）に。同じ惣領家の紀州（和歌山）の植村政勝のほか、清兵衛の従兄弟の家系は、高取（奈良）にもいたようです。京都に来てからは、沖縄からわざわざ行くには遠かったゆかりの地にも何度か足を運びました。でも、これは「なんとなく気になる」に過ぎないこと。行ったからと言って、意味があるかどうかもわかりません。

歴女的な楽しみですが、奈良の高取の植村は藩主でもあり、幕末も最後まで長州に抵抗を続けたうえ、今も植村の子孫が町長であるなどおもしろい話もありましたし（2020年に死去）、植物学者だった植村政勝の弟子の森野藤助が奈良・宇陀市に開いた御薬園にも行きました。この御薬園を教えてくれたのはブリュッセルでソムリエをしている読者さんなのですが、もちろん彼女は、森野藤助が私の先祖と縁があるなどとは知らないのです。フランスのオーガニックワイン農家を尋ね歩いているような方で、あのあたりに実家があるので、たまたまご存じだったようです。

本当に物好きですが、御由緒にあったお墓を足守に尋ね、崩れ落ちたお墓の中で奇跡的に御由緒にあった名前を見つけたこともあります。第二章で、京都の北面の武士の布施家と小笹家にルーツを持つ女性が足守の先祖の家にお嫁に来たと書きましたが、おそらくその女性のお墓です。京都に来てから、小笹家や布施家についてもネットで調べると、小笹家は、右京区に残る文書で、「江戸時代、西院村の大報恩寺領の庄屋をつとめた家」と出てきます。大報恩寺は、京都の上京区にある千本釈迦堂のこと。やはり、かすかにでも血の中に京都もあるから呼ばれたのだなあと思ったことでした。北面の武士と言っても、時代を下ってからは形式的なものですから、下級公家のような存在。父は大名とはいえ、母親は身分違いで側室でもないわけです。おそらく母方の京都で生まれ育ち、祖父が庄屋であれば、それなりに裕福でのびのびと育てられたであろう彼女が岡山の堅苦しい武家の家に嫁いで果たして幸せだったのだろうか。そんなことをふと思いました。

女性が自分の意思では何も決められない時代。娘時代は大名である父親に憧れたとしても、嫁いだ先は家臣の家です。華やかな京都の女性からしたら、江戸時代の岡山、それも徳川譜代で豊かな池田藩などとは違い、小藩の足守は豊臣家です。しかも足守のあたりは、ひなびた田舎に思えたでしょう。きっと京都に帰りたくて仕方なかったはずです。彼女のお墓に導かれたときに思ったことは、結局、私が京都に住んだのは慰霊でもあったのかもしれないということ。忘れられた先祖の魂たちを思い出すことで慰める。そんな役割がもしかしたら、あったのかもしれないと。女性ばかりではなく、男性も自分の意思では何も決められない時代が長くありました。高祖父は、明治維新のときに藩主が東京に出るときについていき、息子である曽祖父も早くに足守を出て、東京へ行ったようなのです。高祖父も、曽祖父も、祖父も広尾の天現寺に埋葬されてはいますが、足守の先祖のお墓もきっと気にしていただろうなあと思うと、ともかく一度は行けてよかったと思ったことでした。

京都に来てからはまた、ちょっとおもしろい発見もありました。吉宗の隠密だった植村政勝おじいさんは、八代将軍の吉宗に言われて朝鮮人参の栽培もしていたようなのです。吉宗は、それまでは輸入に頼っていたのを日本で栽培させたかったのですね。そして、植村政勝おじいさんが朝鮮人参の栽培に成功したのは栃木の父の田舎のあたりのようなのです。地元の篤志家の農家の協力を得たとあり、父方も江戸時代、庄屋だったわけですから、きっとつながりがあっただろうと思うと、やはり、このおじいさんはスピリチュアルなガイドとして働いてくれて、両親の縁を結んでくれたに違いないと思うのでした。

魂の故郷は琵琶湖？

ただ、これだけルーツを探しても、江戸時代ずっと栃木の同じ場所にいた父方はともかく、母方の上村（植村）は、足守がルーツとも言いがたい。足守の家系の婚姻も、近隣の藩の武家の娘が相手だったりして、今、岡山に住んでいる人たちと血が近いわけでもないからです。それでも、京都ではよく植村と書かれた名札をつけた人を見かけるし、もともと家系図にも高野山真言宗などの僧侶も多いし、テレビで有名なお寺のご住職が出てくると、よく植村の名前を見かける。やはり同族は関西に多く残っているのだろうなとは思っていました。

また宮古島のシャーマンに私の魂がつながると言われた本多家にしても、江戸時代は随分と栄えたので、四十五家もある。先祖がいったいどの本多家なのかは長いこと、わからなかったのです。それが2020年になって、インターネットで本多の分家の家系図を見つけて、どうもそこらしいという家系が見つかりました。幕臣の本多（藤原）重教という高祖父の名前だけがわかっているのですが、江戸時代の当主の名前に重がつき、私にはなじみの植村や木下家、土岐家（明智系）などと縁戚でもある旗本が本多大膳家、本多丹下家、本多左近家など三家ありました。この三家は、近い親戚同士である様子。この中のいずれかだと見当をつけられました。

これら三家のルーツをさかのぼると、越前丸岡藩主の本多成重という人物がいて、その妻は、明智光秀の子孫とも言われる土岐定政の娘。ここでも、また土岐氏が出てくるのですが、結局、私の母方は成分のほとんどが土岐氏と本多氏のように思えてきます。そして、本多のうち、この三家の子孫はみな明智の子孫となることは、江戸時代はみんな知っていたことでしょう。ねねさまの木下家にも明智光秀の娘の細川ガラシャの流れが入っているので、自分の中には明智も豊臣もいるのだなと思うと不思議な気持ちですが、さらにさかのぼると、日本一短い妻への手紙で有名な「一筆啓上、火の用心、お仙泣かすな、馬肥やせ」の丸岡藩の本多重次の家系であり、さらに、さかのぼると、膳所藩の本多家に行きつくようでした。

膳所藩と言えば、京都と目の鼻の先、滋賀県・大津市の琵琶湖のほとりに存在した藩です。以前から気になっていたのですが、膳所藩主をまつった本多神社跡があるとか。これは行かなくてはと思っていると、2020年の夏、滋賀に用事があって出かけたときにたまたま車で通りがかり、夫とともにお参りすることができました。

生まれたときのホロスコープでは、私の月は8ハウスのかに座にあり、かに座と言えば、池や湖のほとり、湖畔を象徴しています。8ハウスは、家系など潜在意識を表していることがよくありますし、月は母親像でもあります。ホロスコープ上でも、湖の近くに母方の先祖がいるとも読めるわけで、「もう、これは、京都とも近い琵琶湖を魂の故郷と定めよう」とようやく決めることができました。それとともに、長いことかかった「ご先祖探し」も、もう終わりでいいと思えました。

私の父などは、こうしたことにはあまり興味がないようです。祖父は早くに亡くなってしまって、祖父との縁は薄いものの、祖母の家系は、江戸時代から先祖がずっと同じ場所にいる。探さなくとも周囲は親戚ばかりで、必要を感じないのだと思います。愛知の一宮にいるであろう祖父の筋についても、仕事で近くにいたときですら、結局探さなかったそうですから。それは、故郷という安心してゆだねられる場所があるからなんですね。でも、私のように、両親ともに縁の薄い土地で育つと、毎日見ていた富士山には親和性を持ちますが、アイデンティティの感覚も安心感も薄いので、先祖探しに惹かれるのです。

ご先祖探しの話をすると、みんな興味を持つものの、いざ、自分のご先祖はどうかとなると、「うちは武家ではないから、きっと探してもわからないよ、農民だよ」などと言います。でも、先祖が武家かどうか、苗字があったかどうかは関係ないのです。先祖がどう生きてきたのか、どんなふうに命をつなぎ、自分が生まれたのか、だいたいでもその物語をわかっていないと、自分がわからないことにつながる。「生まれる前のこと」であっても、自分の物語を知っているかどうかが、精神状態を左右するのだと思います。生まれたときのホロスコープでは、パートオブフォーチュンのサビアンシンボルが「家系図」の私は、先祖の物語を知ることによって、占星術を知ったときのように、宇宙にひとりで漂っているのではないという大きな安心感を抱くことができたのでした。

余談ですが、この本多神社に出かけたとき、夫が無性に食べたがった大津の鰻屋さんは、江戸時代からあるようです。ガイドのひとりであろう本多重教おじいさんが食べたかったのではないかとひそかに思っています。以前ヤフオクで、京都の青蓮院のお札に重教おじいさんの名前を見つけたこともあり、京都と縁の深い人だったんでしょうね。

次は守護霊（ガイド）になる!?

２０１１年にプライベートで、著名なサイキックのゲリー・ボーネルさんのセッションを受けたことがあります。震災前に申し込んでいたのが震災で延び延びに。結局、オンラインでのセッションとなりました。そのときは意味がよくわからなかったのですが、「今回の人生が最後の転生になる。次は、誰かのガイドになるだろう」と言われたことを覚えています。今になって考えると、この人生が終わったら、本多重教おじいさんや植村政勝おじいさんの魂のように、一族の子孫を導く存在になるのかもしれませんね。

そもそも、ゲリーによると、今回の私の人生にはテーマも使命もなく、ただ集合意識がジャンプする時期を見にきた魂だという話でした。一般には過去生でやり残したことやカルマがあるらしいですが、転生の数もとても多く、「レムリアから含めて五百七十三回」だというので、それなりにやりたいことをやってきたのかもしれません。

ヒプノセラピーで見た過去生も、カルマではなく、最後の心残りくらいだったのでしょうか。

ゲリーのセッションで印象的だったのは、どうもルクセンブルクあたりのプリンセスだった時代があるそうで、「ダイアナ妃に共感を持っているのでは」と言われたこと。「大変そうだなとしか思わないんですが」と答えると、「それが共感ということです」と言われました。組織にしろ身分にしろ、人に上下をつけるのは好きではないのは、過去生で高貴な身分の大変さや無意味さを嫌というほど味わったのかもしれませんね。ルクセンブルクのときは、私有財産を捨てて、農業をするようなコミュニティを作り、貧しい人たちを助けていたそうです。今の私は、他者を助けたいという熱意はそんなにないのですが、転生が多いために、そうした人生もすでに経験しているということなら、納得できます。

また、セッションでこんなに多くの女性の相談に乗っているのは、死後、ガイドになる練習なのかしら、とも思わないでもありません。と言うのは、私のところに来る人、仕事などでご縁ができる人は、ご先祖つながりの人がとても多いのです。私の守護霊さんがお人好しすぎて、相手の守護霊に頼まれると、すぐに面倒を見てあげようとするのではないか。そんな気がするくらい、初対面でも相談ごとばかりされます。最近では占いをしていると言わなくても、タクシーに乗っているだけでもダメなのです。だんだん人嫌いになってきたくらいですが、沖縄のユタも、もともとは門中という一族の中に、ちょっと神高い《かんだか》（霊能力が高い）人がいて、一族の精神面の面倒を見ていたのが始まりのようなので、それに近い感覚があります。

と言うのも、セッションにおいでになる方は先祖のご縁のある方がとても多いのです。ねねさまの木下家は細川幽斎ともつながりますが、細川家の子孫の方がいらしたこともあるし、豊臣一族に連なる福島正則の子孫が来たことも。もちろん徳川方も多く、井伊直弼の子孫や酒井忠次の家系の方が見えたこともありました。先祖が武家だった家系では男尊女卑が激しいことも多く、自由になりたいと思いつつ、なかなか自分を解放できない女性が多いからかもしれません。また興味深いことには、みなさん、先祖と同じような精神を持っていることが多い。先祖が迷ってばかりだった人だと自分も迷ってばかりだし、先祖がゆったりとおおらかなら、ご自身もそうなのです。私たちひとりひとりの生き方が子孫にも影響していくのだと考えると責任重大ですね。たとえ自分に子どもがいなくても、それは甥っ子、姪っ子に伝わっていくわけですから。

守護霊（ガイド）って、そもそも何？

そもそも、守護霊（ガイド）がわからないという人もいるかもしれませんね。スピリチュアルカウンセラーの江原啓之さんなどが「守護霊さん」の話をよくされていますが、私たちには見えたり聞こえたりするわけではないので、説明は難しい存在です。スピリチュアルな世界では、同じ魂のグループの存在があの世にいて、この世にいる私たちを導いてくれると言われています。ガイドというのは、ツアーガイドなどに使われるガイドと同じ意味。つまり道案内です。

私の場合は、自分の守護霊が見えるわけではないのですが、これまでもお話ししたように、守護霊のお導きとしか言えないことが危機のときには起こります。意識したわけではない、なぜかわからないのに、それをしていたということが人生で何度かありますが、それが今考えると、守護霊さんのお導きなのです。東日本大震災のときも、原発が爆発した中で、前の月に松阪取材に同行させていただいた公家の方から電話をいただいて。西に逃げるか、食材を買い込み、目張りをして家の中にこもるようにと言われ、こもるつもりで駅まで出かけたところ、なぜか西に行く新幹線のチケットを買っていたということもありました。

ほんの時たまですが、潜在意識からメッセージが聞こえることもありますし、他人の守護霊や亡くなったばかりの人は見えることがありますね。仕事にするほどの力ではないのですが、相手がとても強い霊的な力を持っていると、それを受信してしまうことがあるようです。外で言わないだけで、私のような人は案外、多いのではないでしょうか。

低次の霊との関わりは、普段はないのですが、古い場所、因縁のある場所に出かけると、地縛霊的な存在には遭遇してしまうことがあるので、泊まるホテル、訪れる場所にはとても気をつけています。沖縄の戦跡や自殺者の出たホテルなどではとても強く感じました。こうした力は年々、強くなっているような気がするので、さまざまなスピリチュアルワークを取材しているうちに、身につけてしまったのかもしれません。

ご先祖が導くご縁の秘密のいろいろ

昨年わかった母方の植村一族に、小説家の直木三十五がいます。ご存じのとおり、直木賞の名前の由来となった作家ですが、先祖は植村の流れである高取藩の家老だったと彼が書いたエッセイにありましたから、確実に母方と近い筋の人でしょう。酔っ払いで女好き。生前の彼の行状からは守護していただいてもどんなものだろうとは思うのですが、どうも彼も守護霊として働いてくれていた時期があるのではないかと思っています。

第一に、彼が中退した早稲田大学の同じ学科を私は卒業しています。大学入学のときも、本当は立教に行こうと思っていたのに、たまたま早稲田が受かって、なんとなく選んでしまっただけで、ちょっと不思議な流れを感じたこと。第二に、土星回帰の頃には三十五が生まれ育った大阪の空堀に長屋を改造する建築家の取材に出かけたことも思い出しました。空堀商店街は、大阪の中でもなぜだかすごく好きで、住めるなあと思ったくらいでした。そんなこととは知らずに取材を申し込んだのですが、あとに三十五記念館が入る建物も、その建築家の事務所が請け負っていて、お昼などを食べながら、記念館の話を聞いていたのです。第三に、初めに入った『私の部屋』の編集部の版元である婦人生活社も、大学時代にアルバイトをしていた丸善も、『ＥＬＬＥ（エル）』のハースト婦人画報社も、三十五と何かしらの縁があるのでした。出版の世界でも、縁のある会社はとことんあるのに、ない会社はかすりもしない。それもご縁であり、背後にはガイドが働いてくれているのかもしれません。今生の私の実家や親戚には出版の縁がほとんどないので、なぜかなあとずっと思っていたのですが、実は、守護霊さんが導いてくれていたのかなと思うと楽しいですね。第四に、三十五も大量の寄稿をしていたようなのですが、星占いをいろいろ書き散らしている自分を思うと、ある意味、流行作家のようで、ちょっと近いものを感じます。

もともと編集者で、あとにエッセイストになった諸井薫さんも、本名は本多のようです。「多」を使う本多は、四十五家あった本多のうちいずれかの子孫であることがほとんどなのですが、諸井さんも、私も縁のあるいくつかの出版社の編集長のほか、私が最後に在籍した流通系の出版社でも顧問をされていたようです。もしかしたら、私が入ったときはまだいらしたのかもしれませんし、先祖のご縁があったのかもしれないなあと考えるとこれも楽しい話です。

ちなみに、NHKの「ファミリーヒストリー」でたまたま見たのですが、鶴見辰吾さんと楽天の三木谷浩史さんには本多の別系統のルーツをお持ちでした。彼らの本多のご先祖に関しては、占いをしていたり、神戸が空襲で焼けたときも自分たちの家だけは残ったりと不思議な話がたくさん。もともとは賀茂氏ですから、霊的な力がある人が多いんでしょうね。

ほかにはなぜか三井グループとも縁が深く、瀬織津姫の奈良の月ヶ瀬に行ったときも、浅野家の所領だった笠間を訪ねたときも、初めに瑞泉寺に立ち寄ったときも三井不動産グループの仕事でした。大学卒業後、『私の部屋』に行かなければ就職していただろう会社のほか、一時期、在籍した日経新聞グループも、もともと三井系です。京都で初めに家を借りたのは三井家の土地だった府立植物園前。三井と言えば、松阪が発祥の地。守護霊の植村政勝おじいさんも松阪の人ですから、江戸時代に三井家をお世話していたんじゃないかしらと思わないでもありません。

また、中学も高校も修学旅行先の京都で同じ宿に泊まったというのを笑い話にしていたのですが、その宿というのが聖護院御殿荘。御由緒によると、母方の先祖がつながる木下家で聖護院のご普請、つまり増改築をしていたようなのです。お殿さまが動くわけはありませんから、家老として関わっていただろうと思うと、不思議なめぐりあわせに驚きます。人に親切にしたり、仕事をがんばったりしておくと、自分だけじゃなく、子孫にもきっとリターンがあるのです。

ここまでは母方のご縁ですが、父方の日光のルーツでもつながりはいろいろあります。最近のおもしろいご縁では占星術家のSUGARくん。初めは占いコンテンツ会社のパーティで出会ったのですが、初対面から従兄弟みたいな不思議な気安さがある。この〝従兄弟感〟は何だろうと思っていると、SUGARくんのご先祖も、現在の日光の同じ宿場町につながる筋があったのです。

江戸時代、天保年間には家屋236軒、旅館21軒、本陣、脇本陣ともに1軒あったという例幣使街道沿いの宿場町。江戸時代は市場が立ち、かなり活気があったようですが、これだけ小さな集落なら、SUGARくんのご先祖とも交流があったことでしょう。読者さんの中にもここに先祖がいた人たちが数人います。宇都宮や日光のほかのエリアにまで広げると、このエリアにルーツを持つ編集者や占星術家の方はほかにもいて、占い日光会ができそうな勢いです。

ちなみに、私の父方は、町中にいたわけではなく、宿場町の入り口、日光街道と例幣使街道の追分のあたりの庄屋で陣屋もしていたと言います。このあたりに追分地蔵尊があります。その昔、空海が上流に設置したものが大水で流されてきて、地元の人たちがここにお地蔵さまを祀り直したそう。将軍吉宗がこの地を訪れたときに朝鮮人参の栽培をこのお地蔵さまの裏手でするように命じたという逸話が残っています。第二章で書いたように、そこで栽培を命じられたのが吉宗の隠密だった母方の先祖の一族の植村政勝です。母方の先祖には高野山真言宗の大僧正などもいたようなので、そもそも東京で知り合ったはずの両親の結婚は、空海のご縁なのかもしれないとまた不思議な気持ちになりますね。

毎年、お盆に帰省していた父方の祖母の家には畑があり、祖母が作るトウモロコシが大好きだったことを思い出します。杉並木に囲まれた静かな一角でしたが、プールのある小さなリゾートホテルが目の前にあり、それなりに活気もありましたから、祖母の老後のライフスタイルはかなり今の私の理想に近いものです。幸せの絵は外に探さなくても、ご縁の中にあるのかもしれませんね。ちなみに、祖母は結婚前、日光の南間ホテルで働き、避暑に来た皇族のお世話をしていたものだそうです。

おそらく、本当に優秀な人はガイドが働かなくても、自力で運を引き寄せていけるのですが、私程度だと、ご縁の力で引き立てられるところがきっと多いのです。もちろん、努力していないとガイドも働いてくれません。危機に瀕しているとき、ひとりの力では行き詰まったときに手を差し伸べてくれる。幸せになろうとして、自分と合う人たちを探したり努力したり、自分で動いていると、扉をひらいてくれる。守護霊とは、そんな存在である気がしています。

天使の導き

親族を見渡しても、先祖を探しても、自分のガイド（守護霊）の見当がつかないという人は、天使にガイドしてもらうのもいいでしょう。天使は、意識すれば、飛んできてくれるありがたい存在です。天使になじみがない人もいると思うので、2016年、『ELLE（エル）』でよくコラボをさせていただいていた写真家の仁木岳彦さんの天使の写真集に寄せたまえがきを、許可を得て、転載させていただきます（ちなみに、仁木さんの先祖の一族も、徳川四天王の榊原氏につながっていくようです）。

＊

天使が私たちに伝えたがっていること

愛情いっぱいの優しい人を「天使のような人」と呼んだりしますが、実際、天使とは何かと問われると、仏教や神道文化が根底に流れる日本では明確に答えられない人が多いかもしれません。私がまず思い浮かぶのは、ヴィム・ヴェンダース監督のドイツ映画、『ベルリン天使の詩』。地下鉄の中で疲れ切った人間たちを守護天使が優しく見守る映像が印象に残っています。聖母マリアに受胎告知をした大天使ガブリエルのように神々しい天使もいれば、癒し手とされる大天使ラファエルのように偉大な奇跡を起こす天使もいますが、ほとんどの場合、天使が行うのはきっと小さなこと。天使の手は、私たちの人生を優しい風のように撫でていき、運命のいたずらのような偶然や祝福を人生に添えてくれるのです。

この本の著者であるフォトグラファーの仁木岳彦さんとの出会いもそうです。始まりは、私の星占いコラムの読者からのメールでした。ぜひつながってほしい人がミラノにいると仁木さんをご紹介いただいたのです。また数年して、今度は、ある雑誌の星占いの特集で、私の文章に彼の天使の写真が添えられることになりました。編集者は、私たちがつながっているなんて知るよしもありませんから、まったくの偶然です。ヨーロッパの教会や街角の天使たちを実在しているかのように生き生きととらえた彼の写真と、私の星の文章は不思議なマッチングを見せ、毎年、クリスマスシーズンにお届けするスペシャル・プレゼントとして、恒例企画となりました。その後、私は東京を離れていましたし、仁木さんもおもな活動の場はヨーロッパですから、一度もお目にかかることなく何年も過ごしていたのですが、この本がまた天使の偶然を運んできてくれました。

「天使の写真集を出せることになったんです。まえがきをお願いしたいので、僕が一時帰国する際、万一同じタイミングで東京に来ることがあったら、お目にかかれませんか」というメールを仁木さんからいただいたのが今年の初夏のこと。まさにそのタイミングで上京することにしていたので、「白金台のシェラトンに泊まっていますので、ぜひお会いしましょう」とお返事すると、なんと彼も、徒歩一分のところに滞在する予定だというではありませんか。天使の存在を感じるのはこうしたときです。何年か越しでとうとうお会いできた仁木さんとも、天使のいたずらについて語り合ったのは言うまでもありません。メールの文面はとてもクールでしたし、天使の写真を撮る男性フォトグラファーがどんな人なのか、想像もつかなかったのですが、実際にお会いしてみると、心の垣根を感じさせない、とてもやわらかな感性を持つ人でした。

天使について辞書を引くと、「ユダヤ教、キリスト教、イスラム教などで神の使いとして地上に遣わされ、神の心を人間に、人間の願いを神に伝えるもの」とあります。とは言え、災害やテロ、凶悪犯罪が多発する２０１６年の地球は、悪意に満ちているようで、「神さまも、天使もいない！」と天に見放された気分でいる人も多いかもしれません。でも、大地震が起きれば、多くの寄付金や善意のボランティアが、テロが起きれば、遺族にはたくさんのサポートが集まるのもまた事実なのです。私が仁木さんに会えたのも、実は、知人がブリュッセルの地下鉄テロに巻き込まれて亡くなり、東京でのお別れ会に出席することにしていたからでした。テロという悪意を前にしても、お別れ会は、駆けつけた人たちのおかげで愛にあふれたすばらしいものになりました。悪意の分だけ善意も噴き出ることを目のあたりにすると、こんな時代でも、善意や愛という天使のエネルギーが世界にあふれていると信じられます。

仁木さんの写真には天と地の間のヴェールを取り払い、天使の世界を垣間見ている気にさせるような不思議な力があります。彫刻や絵画、ステンドグラスのなかから飛び出してきそうな天使たちは、あなたにそっとささやきかけ、光を届けてくれるでしょう。あなたがつらいとき、悲しいとき、そして嬉しいときも、あなたの心に沿うように、さまざまな表情を見せてくれるでしょう。この本を大事な人にプレゼントすれば、多くを語らなくても、その人にあなたの愛や善意が伝わるでしょう。あなたはひとりではない、本当は守られているし、天に祝福されているのだと、この本を通じて、天使はきっと地上の私たちに伝えたがっているのです。

『天使の写真』（主婦と生活社）

京都での晴耕雨読の日々

京都でやりたいことのひとつに、宇治にある週末だけの有機農法の農学校に通うことがありました。東日本大震災後、自分で食べ物を作りたいと思うようになったのですが、沖縄では那覇にいたので、当時は貸し農園なども見かけず、なかなかチャンスがなかったのです。沖縄時代に、この学校をネットで見つけて、もし京都に住むことになったら申し込もうと思っていました。

移住一年目には念願叶って、夫婦で農学校に。週末だけですが、畑に通い、土に触れる日々が始まりました。京都では自然がとても近いのですね。もちろん沖縄も近いのですが、住んでいたのは那覇ですから、コンクリの建物も多く、基本は都会の暮らしです。圧倒的な大自然の脅威を感じるのは台風が来たときだけでした。何より、沖縄には雪が降りません。夏の間も、直射日光は厳しくても、気温はさほど上がらない。日々、潮風や太陽の光が自分を元気にしてくれるので、自然は厳しさよりもパワーをくれるものでした。

でも、京都では日々、骨身に自然の厳しさを感じることになります。初めに住んだ下鴨の古い木造家屋では賀茂川沿いだったので、どうしてもジメジメして、虫がいっぱい。しばらく空き家になっていたからか、引っ越してすぐには布団の中にさそりが入ってきたこともあります。またリノベーションされていると言っても、断熱材はあまり入っていなかったのでしょう。冬は灯油ストーヴをどんなにたいても寒くて、しんしんと足もとから冷えが伝わってくる。オイルヒーターを消すと、寝られないこともある。ゴールデンウィークくらいまで、暖房器具を手放せないのも東京育ちの私には初めての経験でした。夏は夏で、盆地ですからどうしても気温が高くなりますし、風のある沖縄と違い、空気が滞留します。東京では家が狭いのが当たり前ですから、狭さと戦う収納法みたいな記事ばかり作っていたのに、地方に出ると、家が広すぎて掃除が大変な悩みも多いのだなと生活のひとつひとつが発見でした。

とは言え、京都市内に住んだあと、しばらくしたら、もう少し田舎に住みたいという気持ちもあったので、京都の暮らしは、農業を含め、田舎に住むためのいいレッスンだという思いもありました。農学校が一年で終わったあとは、米づくりのワークショップにも夫婦で参加するなど、東京の自分には考えられないチャレンジも。無農薬のうえ、昔ながらの手植え、手刈りだったので、お百姓さんに頭が下がる思いでした。

暑くて寒い、一軒家の暮らしには早々に音を上げて、二年足らずでマンションに越しましたが、隣の貸し農園の区画を借りることができたので、やっぱり自然は身近なままです。地主の一族の方が管理している貸し農園は、生産緑地を近隣の人たちに使ってもらっているもの。周りはマンションが立ち並んでいるのに南側は開けていて、いつも部屋には光と風が入る。昔は蛍も来ていたというほど澄んだ小川がちょろちょろと流れ、ベランダからは高野川と大文字が見えます。休みの日は賀茂川や植物園に夫婦でお散歩に出かけます。やれ桜が咲いた、紫陽花が咲いた、紅葉が赤くなったと季節の移り変わりにも敏感になりました。

東京では大きな駅では長い地下通路がありますから、雨が降っても、濡れることがあまりない。手を挙げれば、タクシーにひょいと乗ることもできる。傘がなくても暮らせる街です。もともと晴れ女なので、ロケのとき以外、天気予報を見ることもなかったのですが、畑仕事は天候に左右されます。いつ晴れるのか、いつ雨が降るのかを考えないと土を耕すことも、種を蒔くこともできません。十日間くらいの天気予報を見ておいて、このへんが降りそうだから、その前に苗を植えようというように、いつも頭に天気がある。冬の間は作業が少ないのですが、畑仕事が忙しい春先などは、晴れたら、今日は畑ができるかなとまず考えるし、雨が降ったら、こもって原稿を書くという晴耕雨読の日々を送っています。天気予報が生活の中心にあるのが以前とはとても変わった点です。

月と星、占星術の暦と暮らす

もうひとつ、長い間、私の生活の中心にあるのが占星術の暦、占星天文暦です。生まれたときの太陽系の惑星の配置図がホロスコープですが、占星天文暦は惑星の進行を記したものです。エネルギーを見るにはホロスコープが便利ですが、流れを見るには占星天文暦も、とても役立ちます。

星に興味を持ち始めた頃は、電車の時刻表のような占星天文暦を見るのは億劫に感じていたのですが、これで星占いを書くようになって、もう十三年。演奏家が楽譜を見て、インスピレーションを得るのってこんな感じかなと思うくらい、占星天文暦が私に語りかけてくれるようになっています。

私の一日

月のリズム

月は、約二日半でひとつの星座を通過していくので、一日単位で見ると、月星座を意識することが多いですね。今日は、月がおうし座にあるから、少し食い意地が張っているかもというように、気分を見るのに役立ちます。自分が生まれたときの月星座とは違い、その時々の月がある星座なので、全員に影響します。

月が移動する日は、最後にほかの惑星と角度をとった時間から月が移動する時間まで、ボイドタイムと言われる時間帯に入ります。月が迷子になっているので、注意力に欠けるなどとされますが、私はそんなには気にしないほうです。

惑星が移動する日

水星が「逆行」すると、コミュニケーションが混乱するなどは、最近では知っている人も多いですね。ほかに惑星が移動する日も、エネルギーが変わるために変化がわかりやすいのです。水星が星座を移動する日に、よく交通網がシステム障害で混乱しているので、意識して観察してみてくださいね。

私のひと月

太陽のリズム

毎月18日から24日頃にかけて、太陽が星座を移動します。そこからのひと月、太陽が滞在する星座の性質が誰にとってもテーマになります。太陽が移動すると、仕事の流れがわかりやすく切り替わることも多いですね。しし座に太陽が入ったから、「遊び」や「自分らしさ」を。おとめ座に太陽が入ったから、「仕事のクオリティ」を。そんな風に、ざっくりと毎月のテーマを意識すると過ごしやすくなります。

新月、満月のリズム

占星術上の新月は、太陽と月が同じ星座の同じ度数で邂逅する状態。満月は、太陽と月が黄道十二星座の反対側の星座に位置し、１８０度で緊張する状態です。

月は十四日から十五日で満ちていき、また同じだけの日数で欠けていく。そのサイクルを意識して動くと自然のリズムにより合いやすくなります。１９９７年に邦訳が出版された『月の癒し』（飛鳥新社）というドイツの本は、月の満ち欠けを知るのにおすすめなので、ぜひ読んでみてくださいね。

星が滞在する星座、「逆行」する星座

太陽はひと月、月は約二日半、ひとつの星座に滞在しますが、ほかの惑星たちも、それぞれのサイクルで十二星座を旅しています。水星や金星は太陽と同じ星座にあるか、水星でひとつまで、金星でふたつまでしか星座を離れません。太陽のお付きのように近くを動いていくことになります。太陽、月以外の惑星には「逆行」期間もあり、占星天文暦を見ることで、毎年異なる、より宇宙の流れにもとづいた暦を使うことができるのです。

私の春、夏、秋、冬

春分、夏至、秋分、冬至を意識する

ゾディアックの十二星座は、春分で始まります。毎年、春分がおひつじ座、夏至がかに座、秋分がてんびん座、冬至がやぎ座のスタート地点なのですが、占星術ではとても大きなエネルギーシフトのタイミングです。とくに、蘭のエッセンスや「セラピューティック エナジーキネシオロジー」を用いるようになってから、春分、夏至、秋分、冬至の直前にみなさんのエネルギーがダウンするのを目の当たりにするようになりました。東京や京都では春分で暖かくなり、桜が咲き始めますが、沖縄では夏至が終わると、梅雨が明け、爽やかな風が吹き、一気に夏になる。気候の変化と同じように、私たちの心も身体も変わっているのですね。

私の一年

太陽や惑星のサイクル

太陽は、一年かけて十二星座を通過していきますが、惑星もそれぞれのペースで十二星座を通過していきます。そんな現在の太陽と惑星が作るエネルギーは、全員に影響しますが、その影響の受け取り方は、個人個人のホロスコープによって違ってくるのですね。メディアの星占いでは太陽星座ごとにエネルギーの受け取り方、心理や現実への影響の仕方を解説することになります。

私は９月生まれなので、９月にソーラーリターンと言われる、生まれたときの太陽に現在の太陽がやってくるタイミングのチャートを作って、だいたいの流れを把握します。これは、その一年の運勢ですね。それ以外に、各惑星のトランジット（生まれたときの惑星の星座に現在の惑星が通過する）のタイミングや「逆行」のタイミングも拾っていきます。これらは、年によって変わるものですね。それ以外に例年の自分のパターンも把握しています。太陽の動きは毎年ほぼ同じなので、それが可能なのですね。

私の一年のパターン

毎年変わる天文暦とは別に、太陽の動きをベースにした、つまり季節ごとの自分の得意、不得意は把握しておくと、何かと便利です。ほとんどの人は、自分の仕事や家族の都合に合わせて記憶しているとは思いますが、私はそれが星と関係しているのですね。

自分の星座であるおとめ座に太陽が入る8月下旬から9月中旬が自分にとっては始まりになるのですが、セッションやワークショップなどで忙しくなるなど、気持ちにも張り合いがあるときです。畑も忙しい時期です。

太陽がてんびん座に入るとともに、習いごとをするなどして、新しい人間関係を求め始めます。さそり座に入る頃から、徐々に星占いの原稿書きが忙しくなり始めます。多くの人が年末にだけ来年のことを考えるためですが、ダイエットや片づけと同じで、運も、普段の積み重ねが大事なんですけどね。

いて座に入ると、再び交流が活発化し、原稿を発表する機会も増えます。やぎ座に入ると、秋の疲れが出てきて、1月はいつもダウン気味です。みずがめ座に入り、立春を迎えると、少し元気になってきますが、みずがめ座から、うお座の時期に体調を崩すことも多いので、とくに、食生活に気を遣います。

太陽がおひつじ座に入る春分頃は、冬の疲れが出て停滞することが多く、おうし座に入る頃にようやく落ち着きますが、おうし座の季節に夏野菜に向けた植え付けをするので、畑が忙しくなります。ふたご座、かに座の太陽の時期は、仕事もプライベートも充実して感じられますね。そして、太陽のしし座の時期、つまり夏になると、楽しみながらも内省的になり、本を書いたり、次の展開を考えたりすることも多いのです。占星術の細かい知識がなくても、そうやって、自分の心と暮らしを見つめて、季節や星とのつながり、自分のバイオリズムを把握できると、ぐんと楽しく、暮らしやすくなりますよ。

レムリアとアトランティスのこと

2018年の5月から11月にかけて、初めに天王星がおうし座に滞在したタイミングで、レムリアやアトランティスについて、気になって仕方がない時期がありました。レムリアもアトランティスもその昔、地球にあったと言われる幻の大陸ですが、その真偽は未だわかっていません。今、私たちが存在している次元とは違う次元にあったのではないかとも言われます。ただ、スピリチュアルな世界では存在したものとして語られることが多く、チャネリングや霊視による本も世界中で出版されています。現在の沖縄諸島やハワイはレムリアだったとよく言われます。

私は、霊視ができるわけではないので、本当のところはよくわかりません。でも、2009年頃から宮古島はよく訪れていて、琉球石灰岩の軽い土壌の、あの夢のように美しい島にいると、自分の波動も上がるし、レムリアを感じます。時々、ヒーラーやサイキックの方がセッションにおいでになり、直観で受け取っている情報の確認として星を使われるのですが、そういう方は大抵、レムリアとつながっています。占星術はアトランティス的なものなので、そうやってバランスを取っているのかもしれません。

2011年の東日本大震災の少し前には、「アトランティスの大洪水」を彷彿とさせる、鮮やかな夢を見たのを思い出します。危機になると、普段は眠っている私の直観力が顔を出すのかもしれません。その夢の中での私は女性で、すべてが流されていったあとも、『天空の城ラピュタ』のような空に浮かんだ住居の中で料理をしているのですが、そこにたくさんの兵隊が流れ込んできたところで目が覚めました。「レムリアやアトランティスから数えると、五百七十三回目の転生」だとゲリー・ボーネルにも言われたものですが、ほかのチャネラー数人にもレムリアやアトランティスの過去生について、メッセージをもらったのは2018年になってからでした。天王星がおうし座に入ったことにより、レムリアやアトランティスの記憶が多くの人の中で目覚めてきたのかもしれません。

2017年だったか、あるチャネラーさんにチャネリングセッションをプレゼントされたことがあります。ゲリーに言われたように、レムリアのルーツもあり、レムリアでは植物を育てる精霊だったのだそうです。その後、時代を下って、より文明が盛んで、魔術的なアトランティス人として生まれ変わるのですが、レムリアにもよく訪れ、ふたつの文化の架け橋になろうとしていたのにそれが叶わず、レムリアもアトランティスも沈んでしまったことへの魂の痛みを持っているとか。今回の人生でも、レムリアのエネルギーを持つ沖縄の自然に惹かれて移住したということなのです。アトランティス的な東京と、レムリア的な沖縄のバランスを取ろうとしていると言うのですね。知性が優先で、どこか魔術的、錬金術的。つまり、人為的なスピリチュアルの世界に惹かれる東京の人と、初めから暮らしの中に霊的な価値観が生きていて、自分の中にも自然と霊的感性が備わっている沖縄の人。アトランティスとレムリアの違いも、きっとそういうものだったのだろうと思います。

実は、このチャネラーさんの話には続きがあり、さらに時代を下ると、古代エジプトではシリウスの宇宙船に乗った宇宙人で、トート神の仲間だった。ピラミッドを設計し、神として占星術を地上の民に教えていたが、自分の意図しない形で伝わってしまい、後悔していたため、今回は自分で伝えようとしたとも言われました。鵜呑みにするわけではないのですが、地球の長い歴史の間には宇宙船が飛来していた時代もありそうですし、古代の人々が神さまだと思っていたものが宇宙人だったというのはありそうなこと。そう言われると検証したくなるのも私の性のようなもので、『エメラルド・タブレット』や『神秘形而上学入門』などを読んでみると、トート神は宇宙船に乗っていたとか。神聖幾何学の世界なども探求してみたいですね。現世ではエジプトには呼ばれたことがないのですが、いつか行くことになるのでしょうか。

スピリチュアルな世界では宇宙人の魂のルーツを言われることはよくあります。私の場合だと、シリウスやアルクトゥルスという星との縁は何度か指摘されました。本当に惑星由来の魂なのかどうかは私にはよくわからないことですが、そういった魂を持つ人たちを見ていると、納得するものがあります（興味がある人は、これらの星について書かれた本を読んでみてくださいね）。たとえば、シリウス由来の人は職業に熱心で、知的でプロフェッショナルな人が多いし、プレアデス由来の人は愛にあふれ、焚き火を囲んで歌ったり、踊ったりするようなイメージ。優しく、可愛らしい人が多い。シリウスの魂には天王星を感じるし、プレアデスの魂はとても金星的なんですね。

ここで、『バイブレーショナル・メディスン　いのちを癒す〈エネルギー医学〉の全体像』（リチャード・ガーバー著／日本教文社）という本の一節をご紹介したいと思います。この本ではフラワーエッセンスやホメオパシーなど、バイブレーショナル・メディスン（波動医療）の概念について詳しく書かれていますが、アトランティスについても詳しいのです（この本のフラワーエッセンスに関する文献としては、『フラワーエッセンスと波動医学的治療』が多く参照されています。こちらはグルダスという研究家が書いたものなのですが、その内容は、ケヴィン・ライアーソンのチャネリングによるところが大きいそうです）。

＊

フラワーエッセンスは、アトランティスにおける治療体系の一部として利用されるようになっていった。というのも当時は、正統派の医師たちが研究している病気の原因は微細エネルギー的なものだったからである。採取された花は水面にうかべられ、日の出の太陽がもつプラーナのエネルギーにさらされた。アトランティス人は自然に即して生きることができなかったので、地球上ではじめて、多くの病気が人間に発生していたのである。

アトランティスの時代の人々は三つの階層にわかれていた。すなわち、「純粋に霊的な」人間と、物質的な科学と霊的な科学とを統合する「聖職者」に属する人間と、「純粋に物質主義的な」人間である。純粋に物質主義的な人間たちは物質的な探求のみをおこない、生命の起源を物質的に解明することに従事しているうち、自分たちの文明の基盤を忘れていった。その三種類の立場が、のちのふたつの医学、すなわちホメオパシー的な医学と、アロパシー的（現代医学的）な医学と、霊的な医学との基盤になっている。ホメオパシー的な医学やアロパシー的医学からはなれて霊的な道を歩んでいった純粋に霊的な人たちはフラワーエッセンスを利用し、それとよく調和した。霊的な道と物質的な道との中間の道程を歩んでいた聖職者たちはホメオパシー医学をもちいることが多かった。物質主義者にはアロパシー医学がなじみぶかいものになった。

＊

病気についていえば、アトランティス人はその原因が肉体にではなく、高次の身体にあるとかんがえていた。したがって、肉体にではなく、つねに高次身体にたいする治療を試みていた。病気になった人は癒しの寺院につれていかれ、癒しの部屋に横たわった。その部屋は特殊なクリスタル系の石材でつくられており、調整された石材の形態と角度が太陽の力を拡散させ、多彩な色とエネルギーを含む光線がふりそそぐようになっていた。病人は部屋の中央に横たわり、病気の種類におうじて適切な色の光線の照射を受けた。

いうまでもなく、魂が進化し、高い意識状態にあった当時の聖職者たちには、病人についてのアカシックレコード（宇宙的記録）を読み取ることができた。というのも、病気は現世にその原因があるとはかぎらず、原因をたどればいくつもの前世にさかのぼることもあるからだ。聖職者が治そうとしていたのは、その患者の病気の真の原因だったのである。

＊

これは、私が経験してきた道のりそのままに思えます。アロパシーにはアマルガムの歯科治療でひどい目に遭い、ホメオパシーも合うときと合わないときがある。その結果、蘭のフラワーエッセンスに行き着いたのですから（もちろん、西洋医学すべてを否定するつもりはないことは重ねてお断りしておきます）。

フラワーエッセンスがどんなふうにその人の身体に働くかも、『バイブレーショナル・メディスン』から引用させてもらいましょう。

＊

この進化の計画においては、花はいまもむかしも、植物のなかではもっとも生命力の密度が高い、本質的な器官である。開花は、植物の成長過程のうちでも最高の体験である。花は（植物の）エーテル的なもろもろの特質が統合される部位であり、生命力の頂点にあり、したがって、しばしば植物の聖職をつかさどる部分としてもちいられる。（中略）

もちろん、実際のエッセンスは、植物の形態をとった電磁気学的パターンにある。物質的身体として顕現しているさまざまな形態の植物にさまざまな栄養素があるように、花やその他のさまざまな形態をした植物からは、多彩なパラメータをもつ生体磁気エネルギーがある。そして生命力は、開花する部位の周囲において、もっとも高まっているのである。（中略）

（花から作られたエッセンスは、）エーテル質だけが刷り込まれているものであり、物質的なものはなにも転写されていない。この研究で、われわれは厳密に植物のエーテル的波動だけをあつかっている。それは植物の知性ともいえるものである。水のうえにふりそそぐ太陽光線は、花の生命力を水にとけこませる。そしてその生命力は、消化吸収とともに、波動エッセンスを服用した人のからだに移行する。

＊

現代の蘭のエッセンスは、もちろん医療ではないのですが、私は、占星術を学問にしよう、エッセンスやホメオパシーを科学にしようとはあまり思いません。エッセンスなど悪いものは何も入っていないし、好転反応もほとんどないのですから、誰でも、セルフケアのアイテムとして使うことはできる。そうやってエッセンスの光を与えていくと、変化は自然に起こってくるからです。ただ蘭のエッセンスは偽りを嫌います。自分の中にごまかしているものがあると、そのごまかしを手放すように働く気がします。現状を変えずに、つまり自分を変えずに運をよくしたいという思いでエッセンスを摂ると、逆効果かもしれません。ありのままの自分になることを求められるからです。

天王星の流れに乗る大切さ

天王星は、約七年ごとに星座を移ります。近いところでは２０１０年から２０１１年と、２０１８年から２０１９年に動きました。動き方としては、２０１０年の５月から８月にかけて、次の星座のおひつじ座に入ってから、うお座にいったん戻り、２０１１年の３月におひつじ座に入り切りました。２０１８年も５月から11月にかけて、次の星座のおうし座に入ってから、おひつじ座にいったん戻り、２０１９年３月に入り切る。土星より遠い天体は、そんなふうに、一年近く、星座の境界を行ったり来たりして、新しい星座へと入っていくことが多いのです。

観察していると、この天王星が不安定な一年は、人間のメンタルもとても不安定になります。もちろん現実にも２０１１年は東日本大震災が、２０１８年には平成天皇の退位がありましたから、それも当然なのですが、天王星の移動の波に乗れると、その不安に巻き込まれないで済むように感じています。

携帯やＷｉＦｉの電波があまり飛んでいないとき、スマートフォンなりパソコンなりが電波を必死に探して、とらえようとしますよね。今までつながれていた天王星と接続を断たれたときの人間は、あんな感じになる。天王星は、新しい時代の扉をわかりやすくひらいてくれるのですが、今までよりは高い波動に進むので、天王星につながれないと、「変わらなければいけないのに変われない」という焦りに苛まれるようになるのだと思います。

２０１８年、２０１９年、２０２０年と一時期をのぞいて、土星はやぎ座にあり、これまでのことを形にし、それでいて古いやり方を打ち壊していく必要があったので、その意味でも、前のやり方に固執していると頭打ちになる人がとても多く存在しました。そこで、天王星の波に乗って抜けている人と抜けられない人が二極化していたと思うのです。

私自身も、第三章で書いたように、２０１７年の秋から２０１８年の春にかけて苦しかったのはそのためだったと思います。ヒーラーの知人も同時期にバーンアウトしていましたから、敏感で感受性が高い人ほど焦りが早く来ていたのかもしれません。

それほどスピリチュアルではない人になると、２０１８年の冬から２０１９年の春に来ていました。おうし座の天王星の波に乗りたいけれど乗れないために、うお座の海王星の不安感につかまっている人が結構いました。ここで実際に体調を崩したり、トラブルを引き起こしたりという人も多かった気がします。もっと一般の人になると、

２０２０年にその状態になっている人も多く見られました。コロナ禍もあり、うつになっても当然だとは思いますが、星まわりもあるのですね。ＨＳＰ（ハイリー・センシティヴ・パーソン）が話題になり、芸能人があの人もこの人もという感じで、「自分もＨＳＰだ」と言うのも、それもあると思います。

「不安は友達」とよく言うのですが、人より早く不安になるほど、対策を早めにできる。私も、それで蘭のフラワーエッセンスや「セラピューティック エナジーキネシオロジー」に出会えました。過敏であることはマイナスばかりではないのですが、不安になったら、お酒やドラッグ、人間関係などに依存するのではなく、自分を助けてくれるものを探す姿勢が大切だと思います。

「海王星さん」にならないために

おうし座の天王星の変化の波に乗れる人はどんどん進んでいく。たとえば、この波に乗れている人はカントリーサイドに住んだり、食べ物や植物に関する仕事をしたりなどしていきます。でも、やぎ座の土星で古い価値観や人間関係、物質に固執し、その波に乗れないでいると、焦りばかりが強くなり、うお座の海王星の不安感につかまり、海王星のファンタジーの世界に逃げ込むようになるのです。

海王星につかまっていた人たちが私に対し、中毒した状態になることも何度か続き、そうした人たちを「海王星さん」と呼んでいました。ただ最近になって、アルコールやギャンブル依存症の人を描いた漫画をたまたま読んで、その状態が「海王星さん」たちとあまりにも一致していたので、あの人たちは、私との人間関係に嗜癖していたのかとようやく納得したのでした。

第五章でも詳しく書いていますが、彼女たちとの人間関係は、さほど深いものではないのです。何年かぶりで会ったのに私に対し、のめり込んでくるような人が大勢いました。現実にたくさんの役割が積み上がり、苦しい人ほど星の話はきらきらと感じられ、自分の中にぽっかり空いた虚しさの穴を私という存在で埋めようとしていたのかもしれませんね。アルコール中毒の患者が目の前の家族をまるで見ていないように、その人たちも私に執着する割には私のことは見ていないし、話も聞いていない。それが不気味だったのですが、私は傷口に貼り付けるバンドエイドか、うお座の海に溺れそうに感じているための浮き輪か何かだったのだなとこれまでの謎が最近、本当に解けてきました。

彼女たちはおうし、おとめ、やぎといった土の星座に太陽があるか、おうし座と反対側のさそり座に太陽がある人が目立ちました。おうし座に入った天王星の影響を受け、どんなにしっかり作った煉瓦のおうちでも、つまり、物質的なものも肉体も人間関係もいつか壊れる。自分以外の何者にも依存できないことを悟って、焦っていたのかもしれません。

星とつながれないと三次元だけになり、苦しいのですね。私も2018年の春先には苦しい時期もありましたが、蘭のエッセンスに出会えたことも大きいですし、クラシカルホメオパシーの癒しを再びしてもらったこと、畑をして自然と調和して暮らしていること、そして、もちろん、星を知っていることで、こんな時代でも、自分を保って暮らしていける気がします。

今とてもつらい人も、不安になって占い師に依存したり、誰かに自分の思いをぶつけたりするより、占星術を勉強してみるなど、自分の力を育ててみませんか。それは、「何でも自分でやる！」と表面だけ強がることとは違います。ゆっくり、ゆっくり、小さな苗が大きな木に育つように、自然のペースで大きくなっていけばいいことです。

私も2019年から2020年にかけて、六回のクラシカルホメオパシー京都のセルフケア講座に参加したので、「ちょっと喉が痛いな、咳が出るな」というときは、ホメオパシーのレメディで済ませています。コロナ禍でなかなか病院にも行きにくい時代。

ちょっとしたお手当ての方法を知っておいてよかったなあと実感しています。

このときは、クラシカルホメオパシー京都の代表の荻野哲也・千恵美夫妻に、とてもおもしろいことを言われました。私は、最初から占星術のコンサルテーションがなぜかできてしまって、その人との対話を重ねながら、一番深いところに降りていき、こんがらがっている心の糸をほどき、謎を紐解くことに心を砕いていました。そこに届くと、その人がとても変わるのです。それを話したら、「ずっとホメオパシーのセッションをやっていたんじゃない」と言われたのです。実際、惑星のアスペクトとホメオパシーのレメディを結びつけた海外の本の翻訳書も見かけたので、占星術とホメオパシーが盛んなインドなどではレメディはタリスマン（星に対して有効なジュエリーなどを処方するもので、そのジュエリーを指す）的な存在なのかもしれません。

学び、成長できる京都のエネルギー

東京では当たり前だった自分の暮らし。もちろん地域によって、暮らしが違うのは頭ではわかっているのですが、実際に東京から拠点を移すまで、街によってエネルギーがこんなにも違うことは、わかっていなかった気がします。

東京は、最近でこそ、大雪や地震、台風などで、交通機関がストップすることもありますが、基本的には時間どおりに動いていく街です。予定を立て約束をしたら、それが破られることはあまりないし、東京で、遅刻やキャンセルを常習的にする人は常識がないとみなされても仕方ない面があります。政治はもちろん、経済面でも本社機能が集まり、全国の支社にここから指令が発されていく、能動的、生産的な男性性のエネルギーの街なんですね（身体的なジェンダーとは違います）。私はよく「オール４の街」と言うのですが、みんなそこそこ優秀で、均一に頭がよい。視野が広いので、相手の立場も考えて、思いやることができる。身内だろうと、外の人だろうと分け隔てなく接するのも東京のよいところだと思います。ただ優等生が多いので、あまり意外性はないという印象です。

一方、五年間住んだ沖縄は、圧倒的に受け入れ、包み込むという女性性のエネルギーが優位です。さまざまなもの、人が沖縄に流れついてくるという意味では、子宮のようでもある。私自身もそうですが、ここで心身の疲れを癒し、元気になって内地に戻っていく人もとても多いですね。海に囲まれ、台風も多いので、自然の力は、時として人を圧倒する。人間もそんな自然そのままに、普段は穏やかでも、爆発すると激しく、感情的な一面があります。また、サイキックのように、人の感情をわがことのように受け取る力もあります。全体で見ると、あまり仕事に熱心な土地柄ではないのですが、5段階どころか、10段階の「10」の人が時たまいて、五人分くらい働いていています。

「沖縄に住んでいた」と言うと、「のんびりしているでしょ」とよく言われるのですが、それはリゾートに来た人だけの話。東京のように何ヶ月も前から準備しても、台風が来たら飛んでしまうからでしょうか。大きなことは別として、日々の生活では数週間前から約束したり、準備したりはあまりしない。ぶっつけ本番の傾向があります。東京では事前に決めすぎて、変更の自由度がなく息苦しいこともある代わり、直前にバタバタすることはありません。でも、沖縄では大抵の場合、今日、明日のことで動くので、逆に忙しい印象がありました。その分、変更はいつでもオーケー。対応力は、すばらしいものがあります。

実際、東京にいると、生まれたときのホロスコープではキャリアを表す10ハウスに天体が多いことも手伝って、仕事ばかりしてしまう私も、沖縄では生活にゆとりができて、パートナーと出会うことができました。沖縄の出生率の高さから言っても、沖縄には人間関係を発展させるエネルギーがあると感じます（ただ、親子関係など家庭にいろいろあると、それでエネルギーが消耗してしまい、未来が閉ざされやすいのは東京と同じです）。

さて、京都はと言うと、大学が多いせいなのか、学びのエネルギーに満ちた場所だと思います。週末農学校もそうですが、素直に教えを請えば、機会がもらえる、そんな文化があると感じました。

トランジットの土星や木星がいて座に来ていたのも手伝って、京都での五年間はなんだかずっと学んでいた気がします。英会話や茶道、ピラティスなど、よい先生にめぐりあい、お付き合いが続いていますし、カルチャーセンターや大学のコンソーシアム、各種協会などでも、おもしろい講座をよくやっているので、来たばかりの頃はあれこれ参加していました。

その代わり、ルールにはうるさいところがあります。どんな場所でも、その場所だけのルールが詳細に決められている。これを東京で言っても、面倒くさくて、お客さんが離れていきそうだなあと思うほど細かいのですが、五年近く住むうちに慣れてきました。星で言うと、東京は天王星的。沖縄は金星や冥王星的。京都は土星的だなあと考えたりします。

自分に不足しているエネルギーの街に住んだり、通ったりすることは、風水的な面があり、運を上げることにもつながると思います。住まいと職場の往復で、生活が固定化している人ほど、場所を変えて違うエネルギーをもらうと、人生におもしろい展開があるはずです。運のよい方位に合わせなくても、自分の直観でオーケーです。

八ヶ岳への憧れと次のビジョン

京都の暮らしは快適なのですが、もう何年も、もしかしたら、沖縄に行く前から、ひそかに住みたいと思っている場所があります。それは八ヶ岳。東側の寒いエリアですが、子どもの頃、両親が母の姉や弟の家族と共有していた山小屋があり、毎夏、訪れていました。軽井沢のような観光地ではないので、静かで聖地と言えるような場所。少しシャスタ山に似ています。それでいて、別荘地内に温泉も貸し農園もキャンプ場も、ホテルやゴルフ場、美術館もある。設備があるのに静かで、本当によいところなのです。今でも数年に一度は滞在しているのですが、サマーハウスを作るか、いっそ拠点を移すか。50代の小さな夢です。畑はもちろん、鶏やミツバチを飼ったり、焚き火をしたりしたいなあと夢は広がります。

そんな思いが育ってきた中で、49歳の誕生日に、「鶏とパンケーキ〜ターシャ・チューダーファミリーの四季〜」の放映をEテレで見ることになりました。アメリカ・バーモント州で十九世紀さながらの暮らしをしていた絵本作家のターシャ・チューダー。今では日本でもとても有名ですが、二十七年前、最初の編集会議に出したのが雑誌『太陽』で暮らしぶりを紹介していたターシャだったのです。企画は採用されたのですが、私は新人なので、編集長が現地を訪れたものでした。

初めて、母が図書館で借りてきてくれたのも、ターシャの『コーギビルの村まつり』という絵本でした。可愛らしいコーギ犬たちがお祭りの準備をする様子が細やかに描かれていて、幼心に感動したことをよく覚えています。そんなふうに、私にはなじみの存在だったターシャですが、このEテレの放映では彼女が亡くなったあと、孫やひ孫たちがその暮らしを受け継ぐさまを紹介していて、それこそ鶏を飼ったり、庭を作ったり、りんごを潰してジュースを作ったり。改めて、「今、私がしたい暮らしって、ターシャかもしれない」と気づいたのです。ふと思いついて誕生日を見ると、彼女もおとめ座の生まれ。絵本を描きながら、自給自足。人形づくりにガーデニング。確かに、とてもおとめ座的です。

もちろんパートナーがいることなので、ひとりでは決められません。でも、そのうち実現できるのではないかしらとなんとなく思っています。スキンケアブランドの「ヴェレダ」はシュタイナーのバイオダイナミック農法を採用していますが、ヨーロッパでは月と星、十二星座を使った農事歴が一般的に売られていて、フランスのオーガニックワインの農家などでも比較的、当たり前に使われているそうです。今の私は季節のめぐりに合わせて種を蒔いたり、苗を植えたりで手一杯ですが、老後の楽しみとして、満月に種蒔きをしたり、月星座に合わせて農作業をしてみたいですね。畑をやっていると、満月に合わせてミニトマトが鈴なりになったり、害虫がキュウリに群がったりするのです。

もちろん、これからも調子を崩すこともあるでしょうし、いつもいいことばかりでもないでしょうが、どんなときも人生の楽しみは見つけられるし、どんな場所でも幸せに生きていけるはず。壁にぶつかったときも、自分はきっとその壁を乗り越えられる。月や星のリズムとともに暮らし、畑をしているうちに、そんな思いが強くなっています。それこそが自分なりに冒険をしてきたことでしか得られない精神の強さであり、これからの風の時代にも通用する本当の財産なのかもしれません。幸せを待っているうちに歳を取ってしまうのではなく、幸せは自分で作っていくものだと思います。

これもついでながら、第二章でお話しした先祖の北面の武士、布施氏で検索すると、八ヶ岳の東側、望月町（現在の佐久市望月地区）につながるようです。佐久では江戸時代中期から、朝鮮人参の栽培も盛んだったとか。守護霊のお導きと言いますか、私の中の細胞のいくつかがこのエリアに惹かれているのかもしれませんね。

ドラコニックチャートに現れるもの

この本の執筆も終わりに近づいた頃、ある人からドラコニックチャートの存在を教えてもらいました。生まれたときのドラゴンヘッドの度数を春分点に設定して、ホロスコープを出すもの。生年月日、出生時間、出生場所はそのまま自分のデータを使うので、ハウスや惑星の配置、アスペクト（惑星が作り出す角度）は変わりませんが、星座が変わることになります。自分の星はそのままで、存在する世界が変わるような感じですね。

生まれたときのホロスコープとドラコニックチャートを対応させると、私の場合、さそり座のアセンダントがやぎ座、いて座の木星、海王星もやぎ座になり、おとめ座の太陽、金星、冥王星はさそり座になる。かに座の月もしし座になります。ドラコニックチャートはもうひとつの才能を表すなどと言われているようですが、もともとのネイタルチャートの私より、「特別さ」や「占いへの適性」が如実に現れてきて、Ｓａｙａを生きているときの世界はむしろこちらが近いように感じました。

それぞれの惑星のサビアンシンボルを見てみると、アセンダントが「私有地にいるキジ」という人から羨ましがられる度数。『ＥＬＬＥ（エル）』での連載を始めてからのこの十数年、よい出会いも多かったけれど、一方で、さまざまなマウンティングに遭ってきたのはこの度数だったのかと思わされました。エルの画面に座っていると、モードやセレブの話題がいっぱいで、きらびやかに見えてしまうんですね。ＭＣは、「ユダヤ人のラビ」であり、古の時代からの真実の知恵とのつながりを表し、ＩＣは、「冬、鳥に餌をやる少女」であり、困っている人を助ける度数、ＤＣは、「道化師が有名人を風刺する」。研究する、人を助ける、芸能人と会うこともあるというＳａｙａの世界が浮かび上がってきます。

でも、木星や海王星は「ひそかに裸で入浴する少女」。実は、「キジ」でも何でもない、まったく華やかではなく、ナチュラルに過ごしているだけの私の感じもよく現れていましたし、以前から、「夏のフィンランドでサウナに入って、湖に飛び込むのが夢」などと言っていたので、これもリアルでした。そして、さそり座の太陽は、「ゴールドラッシュ」となります。私自身はどうあれ、周囲が星占いのＰＶを得ようと必死になる感じはとてもこの度数らしく感じました。さそり座の金星は、「親睦の夕食会が昔の仲間を再会させる」なのですが、過去の人生のつながりを表すもので、私が個人セッションを通じ、たくさんの先祖のご縁の方たちと会っていたこととも通じるようです。さそり座の冥王星は、「少女が顔をほころばせて笑う」であり、これは人を引き寄せる度数のようなので、Ｓａｙａの周囲に人が寄ってくるのはそのためなのかもしれません。さらに驚いたことには火星がみずがめ座からうお座にスイッチしますが、この度数が「満月の下の菜園」なのです。今の京都の住まいも月がよく見えて、その下には菜園が広がっていますから。また、占星術とのつながりもこの度数では言われています。

そして、ドラコニックチャートのドラゴンヘッドは、なんとおひつじ座の１度。「女が海から上がり、アザラシが彼女を抱きしめる」度数です。アザラシとはぽっちゃりした夫のことでしょうか。ドラコニックチャートの月はしし座の「使命を果たす伝書鳩」になり、夫の太陽とほぼコンジャンクションです（ちなみに、夫のドラコニックチャートを出すと、もともとのドラゴンヘッドが同じ度数なので、やはりアザラシの度数になります。確かに、アザラシ体型の私たち……。夫のドラコニックチャートの月も、私のネイタルの月とほぼコンジャンクションです）。サビアン関連では鏡リュウジさんが翻訳されたリンダ・ヒルの『サビアンで読み解く運命事典』（ブルームブックス）を愛用しているのですが、そこにはおひつじ座の１度について、「旅を楽しみ、自分を愛する心、自分を大事にする心を形づくり、天から与えられた独創性を発揮してください。過去は忘れ、生命と愛の世界に飛び出しましょう」とあります。これは、とてもＳａｙａが目指しているものという感じがします。

私の場合、生まれたときのドラゴンヘッドにトランジットの太陽がやってきた立春にＳａｙａが始まっているわけで、ドラゴンヘッドを生きている間にドラコニックチャートが作動していたのですね。ただ、それは私の生まれたときのホロスコープとは違うわけなので、そこに版ズレが生じている。Ｓａｙａという活動はおもしろいものの、時に自分でないような違和感があるのはそういうことだったのかとも感じています。ただ、Ｓａｙａをやってしまうと、抵抗できない運命として、そうなってしまうのです。それは私の中に眠っていたという意味でも、人から期待されるという意味でも才能なのだけれど、その期待に押しつぶされないような強さも必要であり、ドラゴンヘッドが使命と言われる所以なのだと思ったことでした。Ｓａｙａを求める声に自分を明け渡していくと、私は少しつらくなってしまうのですが、生まれたときのホロスコープがなくなるわけではないので、ふたつの人生を生きるようなこの感覚。海外などに移住したときに出生場所を変えて作るリロケーションチャートでも惑星のある星座は変わりませんから、ある意味、海外移住など以上のインパクトのある出来ごとが私の人生にとってのＳａｙａであり、まさにデビューだったんだなあとひとりごちています。私個人の生まれたときのチャートは、編集者や文筆業が合っていますから。「白魔女」になることは、私の生まれたときのチャートと、ドラコニックチャートという異次元を結ぶために私が身につけた一種の架け橋、私なりに見出した魔法だったのかもしれません。

第五章

私がしたいのはきっと星のセラピー

＊セラピューティックなアストロロジーで自分本来の星の軌道に戻ってもらう

私のセッションを受けた人たちはみな「心のかゆいところをかいてもらったみたいでスッキリする」と口にされます。どうしてなのかな、私は何をしているのかなと長い間、うまく説明できないでいました。

次第にわかってきたことは、対話によって、その人の心のモヤモヤという余分なエネルギーを取り去っていたこと。心の霧が晴れてみると、方向を見出せます。人生が本来の軌道に乗って進むようになれば、占い師にわざわざ当ててもらう必要はなくなる。占星術の情報は頭に置いておき、人生の舵取りに使えばよいわけで、占いとも主体的に付き合えるようになるはずです。モヤモヤが晴れてみたら、これまでより能力が発揮でき、未来も変わってくるかもしれません。つまり、私の場合は、ホロスコープを見てはいても、単に未来を読むだけではなかったので、どうも占い師とは言いがたかったのです。その人の心の霧が晴れないと、私にもその人のポジティヴな未来は見えないから、オーガニックにこうなってきたとも言えます。そのときのホロスコープは、その人と心を共有するためのツールになります。

２０１８年には蘭のエッセンスや「セラピューティック エナジーキネシオロジー」との出会いがあり、セッションに取り入れるようになりました。まだキネシオロジーで見ている人数は少ないのですが、みなさんが光に満たされてくるように見受けられ、星の軌道から外れていた人も戻れるようになります。エッセンスやキネシオロジーは、私がしていたセッションをさらにパワフルにしてくれたわけですね。コロナ禍の中ではペースを落としていますが、「セラピューティックなアストロロジー」、星のセラピーが私のやりたかったことなのだなあと気づいたところです（実は、２０１８年にはチャネリングで、「星のセラピーをやるとよい」と指摘されていたのですが、自分で腑に落ちたのはもっと最近です）。

以前は、セラピストはとても大変な仕事に思えて、あまりなりたくないなと思っていたのです。私のところにおいでになる臨床心理士の方たちも、みなさん疲れ切っていましたから。でも、エッセンスやキネシオロジーとの出会いもあり、抵抗感はなくなっていきました。この変化は、占星術の惑星期の考え方では45歳から54歳の木星期に入ったせいもあるかもしれません。私の生まれたときのホロスコープの木星は海王星とともにいて座にありますが、いて座には人を導く性質もありますし、バーテクス（「集団の中の使命」を象徴するとも言われる）という感受点のサビアンシンボルに至っては「修道院に入る女」。昔から京都の門跡に誘われたり、人の相談に乗るさまが「寂聴さんみたいだね」と言われたりしてきた私は、望むと望まざるとにかかわらず、修道院へと押し出されている気すらします。

蘭のエッセンスや「セラピューティック エナジーキネシオロジー」は、直接潜在意識に届くので、とても速いのですが、もちろん占星術を使った対話も、マインドリセットにはとても有効です。占星術の世界観を知ることで、物質だけの価値観を離れてもらうと、蘭のエッセンスや「セラピューティック エナジーキネシオロジー」やホメオパシー療法のような、ほかのエネルギー療法にも目がひらかれるようになる。結果として、宇宙のエネルギーや惑星の波動にも合いやすくなるので、その人が生きやすくなるように感じています。波動やエネルギーの世界はあやしいものでも特別なものでもない、自然なことなのだと理解できると、宇宙に抱かれている自分の人生への信頼感、安心感が出てくるのです。

私が普段、心を見つめるために使っている星の元型と、その星たちがどんなふうに私たちの人生に作用するか、もしゆがみが生じていたら、どんなふうに正すのか、お話をしてみます。この章では読者のみなさんの心のモヤモヤも少しでも取り除けたらうれしいです。

＊太陽を生きているかどうか

占星術では、太陽系の惑星たち（太陽、月、水星、金星、火星、木星、土星、天王星、海王星、冥王星）がおもに使われます。自分のホロスコープのひとつの星に同調しすぎたり、あるいは人に渡したりすると問題が起こります。どの星の意識もバランスよく自分の中に育ち、整っていることが大切ですが、中でも、幸せに生きるためには太陽を生きることが欠かせません。二十年前、私が星を好きになったときの占星術のテキストには「女性は、結婚すると太陽という意思は夫に預けて月になる」と書いてありました。これを今の若い女の子たちに話すと、私が言ったわけでもないのにブーイングの嵐になりますが、当時の私も不服だったものです。「女性は他者のためだけに生きないといけないの？」という疑問が湧き出て、「太陽を生きる」ことにチャレンジしてきた気がします。

ひと口に説明するのは難しいですが、やりたいことをやって、生き生きとしている人は誰の目にも魅力的です。それが太陽を生きている、ホロスコープの中に光がまわっているためにほかの星も育ち、輝いている状態です。

一方、太陽を人に預けているときに起こる問題もあります。太陽という人生の目的や意思を持てないと、親やパートナーに預けるようになります。すると年を重ねるにつれ、自分の前に人から与えられた役割しか残らないことになり、生活に押しつぶされてしまうのです。

女性は、自分の足で立ってはいけないという空気は、二十年くらい前までの日本では根強くありました。男性も、お金を稼がなくてはいけないという社会の要請にがんじがらめになっていることも多いもの。もし太陽を生きていないとしても、自分を責めたりしないでくださいね。ただ、これからの風の時代には個を生きていないと、どんどん苦しくなっていくのは確か。今は自分を生きていないという人も、少しずつでも意思を表現する練習をしていってほしいと思います。

たとえば、技術や力量が必要な職業に就きたいけれど、自分では難しいと思い、パートナーに預けるという女性がいます。企業でも、社内でポジションを得るという出世ゲームには女性は参加できない時代が長くありました。それなら、できるだけ高いポジションの男性の秘書になろうというような発想も、太陽を預けていると言えるかもしれません。パートナーが自分の代わりに太陽をやってくれていることに感謝し、自分の理想どおりに動いてくれなくても尊重していると、関係はうまくいきます。でも、相手の不足を批判したり、自分の思いどおりに動かしたりすると関係は破綻してしまいます。預けた相手が活躍すると嫉妬したり、逆に活躍しないとイライラしたり。太陽をやらないでいると、年を重ねる都度、問題が出てきやすいのです。

✳太陽を生きるためにはまず感じることから

2020年にみずがめ座で起こった木星と土星のグレートコンジャンクションの影響か、「好きなことをやって生きていきたい」「人生を変えたい」という意識を持つ人が増えてきました。でも、他者や社会に合わせるのが人生だと思っていた人は、自分自身とのつながりが曖昧です。今日のランチを決めるにも時間がかかる人が人生の決断をできないのはある意味、当然です。そして、そんな自分を責めてしまう悪循環。もし、あなたが顕在意識と潜在意識のギャップに悩んでいるタイプなら、まずは数人でランチに行っても、周囲を気にしないで、自分の好きなメニューを堂々と頼める人になることから始めてみましょう。みんながカレーを頼んでいるけれど、私はパスタがいい。そんなふうに自分主体で決めることは、立派な自分とのつながりです。

自分とのつながりが曖昧な人を見ていると、何が好きで何が嫌いか。何が心地よくて何が気持ち悪いのか、それすらないことが多いのです。まずは感じて、その感じたものをどうしたいかという太陽の意思に育てていくプロセスが大事だと思います。

本当は、誰もが心を持っているのだから、好きや嫌いはあるはずなんですけど、小さな頃から、親や先生に否定される経験を重ねると、そうしたささやきは、モヤモヤの中に埋もれてしまう。風の時代になって、いくらシステムが整っても、そこに魂を吹き込むのは自分自身です。自分の感じている気持ち、ハートを大切にしてくださいね。

✳ 月とは仲よくする

「太陽をやったほうがいい」と言うと、月はどうなるのかと思う人がいますが、これは、地球の衛星である月のように、他者にすべてをゆだねて自分をなくす生き方はしないほうがいいという文脈の話です。

自分の月とは仲よくできるといいなと思います。たとえば、太陽や火星という男性的な星は得意だけれど、月でリラックスするのが苦手という人がいると、極性が偏ってしまうので、人生はおかしな方向に進みがちです。でも、男性的な星たちを活性化しつつも、月の居心地のよい状態を見失わないでいれば、船はカタマランヨット（双胴船）のようにまっすぐ進みます。

仕事でもそう。月が緊張してしまうような職場では長続きしないからです。たとえば、私は、生まれたときのホロスコープでは8ハウスという潜在意識の部屋に月があり、家庭や居場所を表すかに座の月なので、家で文章を書く仕事は合っている気がします。1ハウスという自分自身の部屋の木星や海王星は冒険好きなので、時には旅にも出たいのですが、日々はかに座の月らしく、半径2キロくらいの暮らしでも不満を感じないのですね。ただ、これも太陽やほかの惑星とのバランスの話。メディアで書くというおとめ座の太陽や水星も実現できているからこそ、月を生かした暮らしで満足できるのだと思います。

✳ 火星という行動力が育っているかどうか

次に火星があります。火星は、行動や戦いを司る神話のマルス。火星のスイッチが入っている人は、アクティヴで時に好戦的、非常にパワフルです。ハートに従って行動できれば、さらにすばらしい結果を生み出せるでしょう。

日本の女性は、火星という行動力や太陽の意思を自分ではあまり発揮しないように育てられている人も多いもの。火星が癒されていないとどうなるでしょうか。太陽という自己決定の感覚や意思が育っていないと、火星も発揮しづらくなり、人生後半になると、動けずに悩むことが多くなります。パワーを行使する許可を自分に出せないので、他者に藤のように巻きつくことも。自分で動けないストレスはその人を蝕んでいくもの。火星という行動力を育てるのはとても大切なことです。

✳水星は正常に働いているかどうか

太陽にもっとも近い位置にある水星は、情報を伝達します。ホロスコープで水星がよい配置なら機転が効き、すばらしい導き手となります。日本神話で言えば、ヤタガラスのような存在です。水星がネガティヴに働くと、批判的で口やかましくなります。自分の思考に対して客観性をもち、何を考えているのか常に意識することで、水星の暴走はだいぶ抑えられるでしょう。

水星も、ハートとつながっているかどうかで、その働きが変わります。たとえば、直観的でスピリチュアル。考えるのがもともと苦手な人が頭で判断しようとすると失敗しがち。羅針盤はハートにおいて、どんなに無謀に思えても、北に行くのか南に行くのかはハートで決める。その後、水星という頭でしっかりリサーチすればいいのです。

水星が働いているかどうか見分けるには、ネットでどのくらいリサーチするかを聞くとわかります。水星が働いている人は、本当に興味のあることなら、たとえ検索のヒット数が数百あろうとも最後のページまで見ていきます。水星が今ひとつ動いていない人は、トップの五つくらいでやめてしまう。最後まで根気よく続けるよう練習していけば変わってきますよ。

＊木星は、伸びしろを表している

ホロスコープの中の木星は、ほかの星と違い、がんばって育てなくとも最初からある程度使えるという意味で、才能や素質と言えるでしょう。ただ、それは意識できた場合。目を向けないでいると、自分の持っている木星の才能に気づかないということも起こります。その意味では、大人になってからホロスコープを見て、改めて自分の才能に気づいたとしても、伸びしろがある部分であり、だからこそ、フォーチュンプラネットとされるのかもしれません。

私自身の木星は、自分自身を表す1ハウスのいて座0度にあり、海王星とぴったりとコンジャンクションです。木星は、いて座の守護星でもあり、いて座らしい伸びやかな憧れはずっと持っていました。ただ、土星や水星とハードアスペクトでもあったので、これらのパワーの恩恵を受け、自由に使えるようになったのは、最近かもしれません。

1ハウスの木星的だなと思うのは、昔から、思いがけないチャンスには恵まれてきたこと。でも、これもただのラッキーではないんだなと思うことが最近ありました。『エル・ジャポン』の編集部の人たちのホロスコープを見る機会があったのですが、その場の四、五名に1ハウスの木星があったのです。「Ｓａｙａさんの星の話が聞けるらしいよ」という話が舞い込んできたときにそのチャンスを逃さないすばやさ、素直さがあるから、チャンスも引き寄せられるんだなと気づかされました。

＊土星の力を育てているかどうか

土星は、太陽系の中間管理職のような星。土星の内側の軌道を進む星たちと、土星の外側の星たちでは、その性質も働きもかなり違います。一年以内に十二星座をめぐる水星や金星、約二年でめぐる火星などと違い、土星は29年半かけて、十二星座を一周します。その分、土星意識の成長のサイクルもとてもゆっくり。30歳目前になって、ようやくかかりそめの土星意識が育ってきます。

土星が一周しないと、自分自身の土星は意識できない。生まれ育った地域や周囲の大人の土星意識、つまり常識を真似しているにすぎないことが多いのです。それが真似であることにもなかなか気づけない。普通は、他者や社会に合わせた土星を絶対的な価値観として、生き方を選ぶことになります。

ただごく少数ですが、自分が目指してきた土星意識が自分のものではなかったと気づき、他者や社会に合わせた生き方から離脱しても、自分のやりたいことを目指す人もいます。生まれたときの土星に現在の土星が回帰する30歳目前の土星回帰では、多くの人が「このままでいいのか」と悩み、重苦しい時間を過ごします。

私自身も、土星回帰の頃は合わない会社員生活に苦しみました。私は土星回帰が終わってから、会社を飛び出してフリーランスになりましたが、それがすべての人にとって正解でもないと思います。会社にいてもいなくても、他者や社会に合わせた土星ではなく、自分の土星を育てていけるならいいのです。私の場合は、書いたり話したり、自分のイメージをどうやって人に伝えるかが土星のテーマでした。苦しい時代も、人に伝えるよいレッスンだったと今は思います。でも、この選択で本当によかったかどうか答えが出るのはきっとずっとあと。二回目の土星回帰、還暦目前のタイミングで、本当の意味で土星を育ててきたのかどうかがわかるのだと思います。

と言うのも、二回目の土星回帰の頃は、社会の多くの人にリタイアが迫っています。会社員なら、その後、会社に頼らない人生をどうやって送るかを、専業主婦なら、子育てが終わって自分自身をどう生きるかを真剣に考える時期だからです。一回目の土星回帰では社会の一員として役割に生きる選択をしたとしても、二回目では必ず自分と向き合うように導かれるのですね。

私のようにフリーランスになる選択を一回目の土星回帰でしても、同世代が現役だと口コミでお仕事がいただけたりもします。でも、二回目の土星回帰で同世代がみんなリタイアしてしまったら、仕事のあり方をもう一度、見つめ直す必要が出てくるかもしれません。年下の人たちからリスペクトしてもらえるような本物の力が育っているかどうか、試されるのが二回目の土星回帰だろうと想像しています。

スピリチュアルや占星術の世界では土星を嫌う人たちも多く、よく言われるアセンション（次元上昇）後、土星の力が弱くなると言い、それを好意的にとらえているヒーラーやサイキックにもお会いしました。ただ、どうも精神世界に生きている人たちは土星の象徴する現実世界が苦手なので、現実から逃れたくて、そう言っているのかしらと思うときもあります。確かに、これからみずがめ座に冥王星が入ると、土星の守護するやぎ座的な組織やひとつの土地に代々根づくような暮らしは、いったん否定されるでしょう。でも、そんな時代でも、土星の本質の力を無視していると、二回目の土星回帰あたりで人生の難局に出会うことになるのは今後も変わらないと思います。

＊自分の道を見つけるということ

一回目の土星回帰までは、周囲の土星意識、その社会でいいとされているコースを土星だと思っています。たとえば、日本なら、「いい大学を出て、いい会社に入る」「適齢期で結婚して、子どもを持つ」などは、外側の土星的、保守的な道です。多くの人が幸せになりやすいスタンダードな幸せの形、幸せの型が社会全般の土星です。それはもう完成されているものなので、そこを目指して、コツコツやっていけばいい。ある意味、努力しさえすれば乗れるコースでもあります。ただその分、競争は激しい。あるひとつの目標を目指し、いいところまで行って、トップランナーとして競争していると、そこから降りることは負けに思えます。簡単なようで苦しい道ですね。

土星回帰を超えて、競争の虚しさに気づいたとき、次の目標のなさにどうしていいかわからなくなることがあります。私も土星回帰が終わって、会社を辞めたときは一時期、そういう気分でした。でも、途中で気づいたのです。王道のコースを離れて自分で生きるということは、道は自分で見つけていくしかないのだと。言うなれば、高速道路には人が殺到してノロノロしか進まない中、私は下道に降りたのですから、そこが山中でも、道なき道を探していかないといけない。でも、そうやって、ひとつひとつ立ちはだかる木の枝を払い、時には野生の獣にも出会って打ち倒していると、あるときパッと視野が開ける。目印となる北極星は、自分になるということ。そして、みんなの王道からは外れても、自分の軌道からは外れていなかったら、高速道路を走っているときより、ずっと素敵な景色が見られるかもしれないのです。

もちろん、コースを下りたときに目標が定まっている場合もあるでしょう。でも、目標への到達方法がわからないとき、楽をしようとしがちです。いい大学へ行くために塾に行き、参考書を手にしていたように、マニュアルが欲しくなってしまうんですね。でも、30代からは、「とりあえずこの職業で」とか、「この方向で」とか見えてきてはいても、つまり、畑をどこにするか決めたとしても、その畑にたくさんの種を蒔き、その中から成長してきたものを育てるような、そんな気の長さが必要です。太陽や月や星の力を借りて、やりたいことが自然と育っていくプロセスにまかせてみるのです。自然のペースはゆっくりですが、そうやってできたものは、急いで工場で作られたものより盤石です。きっと息長くやっていくことができるはずです。

その意味で、「なりたい自分になる」は少し危険なときもあります。「なりたい自分」という形を定めたところから、一歩もはみ出せなくなるからです。五年、十年前に定めた理想の自分になってみたけれど、ちっとも幸せではないということも、その「なりたい自分」が流行遅れになっていることもあるのです。一方、畑に種を蒔いて、出てきた芽を育てる方法だと、時代に合わないことはありません。時代に合うから、芽が出るわけですから。それに、「なりたい自分」の像は、雑誌などメディアで見た他人の姿で、自分自身とは何のつながりもないかもしれないのです。自分の心に沿いながら、できるだけよい作物が実りそうな環境に整えていってあげる。それがきっととても大切です。

＊外惑星たち——天王星の働き

天王星は、土星が作った壁を超えていく星です。太陽系の中で唯一、自転の向きが違います（正確には金星も少し違うのですが、天王星は異端児で、まるで、でんぐり返しをしているようです）。ブルドーザーのように、土星のローカルな壁を壊します。ユニバーサルに、世界中の人たちに同じものを与えようとしますが、逆に相手の状態を考えず、弱っている人にも同等の義務を求めるところがあります。

天王星的な人は、自分にも相手にも「自己責任」の感覚が強いでしょう。冷酷に見えるときもありますが、とてもフェアな人でもあります。社会のパイオニアであり、未来に向けて変革し、だらけきった状態に切り込んでいくことができます。

一方、天王星がうまく働かず、土星までの意識にとどまっていると、外から変革の動きが外からやってきたときに対応できず、自分のローカル・ルールだけで応戦することになるので、戦いになってしまいます。たとえば、江戸時代の日本がそう。鎖国していたのはとても土星的ですが、黒船という天王星が外からやってくると叶わない。サスティナブルな江戸時代にはよさもたくさんありますが、この点は失敗だと思います。

＊外惑星たち――海王星の働き

海王星は、言葉ではとらえきれない、曖昧かつ精妙な世界を司ります。海王星は、海の王、神話のネプチューンともされますが、天候によって、その表情を変える、穏やかにも激しくもなる海のような星。人間にはどうなっているのか、わからないことも多い深海のように、海王星につかまると、意識が曖昧になってきます。

一方、海王星がうまく働かないと、あるいは、海王星の感受性がありすぎると、現実世界ではまったく評価されない人物になるかもしれません。ドラッグにハマる、非現実的な、ヴァーチャルなゲームの世界に耽溺するなど、普通の生活が送れなくなってしまうことも。いったん脳が嗜癖による刺激につかまると、繰り返し求めるようになる。頭ではよくないとわかっている、やめたいのにやめられないのですね。

プライベートで私に執着して、連日、何時間もメッセージを送るような人たちも、私との時間を脳が快感だととらえてしまい、嗜癖していたのかと気がつきました。大抵はやりたいことがない虚しい人たちで、一緒にいても、彼女たちの目には私は映っていないし、言葉も聞いていない。自分の頭の中の思いを繰り返し吐露したり、私とつながることで虚しさを埋めようとしたり。道具にされている気持ち悪さを抱くようになっていったのですが、あれも、2012年以来、支配星座のうお座に入り、その力を強めている海王星のせいだと思うと納得します。

✳外惑星たち——冥王星の働き

そして、冥王星です。冥王星は、とても霊的な星です。冥王星がホロスコープの重要な場所にやってくると、喪失を味わったり、生と死を実感したりします。ただ、それだけでは終わらないのが「破壊と再生」の星などと言われる所以。人はそこから、スピリチュアリティ、霊性に目覚めていきます。冥王星が訪れて以降は、三次元の現実が突然、真実ではないように見え始めるかもしれません。

冥王星の意識は、ほとんどの人にとって、そうやすやすと物にできるわけではなく、軽く見ていると足もとをすくわれるでしょう。たとえば、２００８年以来、冥王星はやぎ座をゆっくりと進み、やぎ座生まれの人は、「形づくり、達成する」というその性質を極め、社会的に成功するために、がんばっている人が多く見られました。冥王星は深いところで社会の全員に影響します。

でも、「達成したい」という願望の動機は、大抵の場合、「自己証明」なんですね。自分がすごいと見せたい、思われたい、誉められたい。これが動機だと、冥王星のレースに参加しても、ちっとも幸せではありません。行き着く先は燃え尽き。振っても振っても何も出ない出がらしになってしまうのです。結果的に多くの参加者が道半ばにして倒れていきました。

まだ冥王星はやぎ座にあるので、人を利用してでも自分の望みを達成しようという人は残念ながら、存在しています。表面上はお金を連れてきてくれても、幸せになれない道だということは覚えておいてほしいですね。

冥王星に強い影響を受けている人は、潜在意識で行動するところがあります。うお座の海王星ともあいまって、明晰な意識が保てない人が多いですね。潜在意識では孤独で、人からもらいたいと思っていると、奪ってしまうような行動を無意識のうちにしてしまうことになります。

✳ 男性性と女性性のバランスが取れているかどうか

個人セッションを通じ、たくさんの人のお話をじっくり聞いてわかってきたのは、男性性と女性性のバランスを取ると人は癒されるということでした。黄道十二星座には男性星座と女性星座がちょうど半分ずつあるのもその表れ。

男性性が優位な人は、女性性を押し殺してしまい、男性のように生きることで社会に適応してきたので、ありのままに存在することが苦手です。一方、女性性が優位な人は、男性性が苦手な傾向にあります。能力はあるのにひとりでは行動できない、責任を取れないと感じるなら、その人は男性性があまり機能していないかもしれません。

豊かな女性性を持つ人は、子宮のように存在するだけで、自分にはありのままの価値があるという感覚が育まれています。そして、豊かな男性性は、自分が思ったとおりに行動できるということ。この両者が結ばれると、頭で考えただけではない、子宮からの衝動でもない、ハートからの行動ができるようになるのです。

✳ 土星意識と天王星意識

占星術で言うと、外側の土星意識ですが、多くの人がローカルな想念にとらわれていることを個人セッションを通じて、実感することになりました。『ＥＬＬＥ（エル）』の読者の方はほとんどの場合、都市部にいらして、個人セッションを申し込まれる方も、エリアがくっきりと分かれているのです。おもな読者層は、自分の好きな仕事や人生を選択している女性（あるいは選択したいと願っている女性）なので、そうした天王星的な意識を持つ女性がどこにいるのかというのがセッションの申し込みを通して見えてきました。読者層は、この十年で東京から全国に広がってはいるのですが、東北、四国、山陰、中国、九州南部など保守的なエリアからは、あまりお問い合わせがないのです。

全国の読者の方のセッションや地方への移住を通じ、東京以外の感覚を知ったことで、東京ではよいとされていた、女性が自分で人生を選ぶ感覚が地方では逆にわがままとされることもあると知りました。男性にとっても、地域や親、親戚の言いなりになるようにという見えない圧力が残っていて、女性はハッキリと物を言っても目立ってもいけない、男性を裏でサポートしなければいけないという地域もあるのですね。私からすると、それらはまるで江戸時代や明治時代のように思えるのですが、そんなイエ意識、ムラ意識がまだ残っているエリアもありました。

堂々とそれを主張するか、内心思っているかの違いくらいで、日本のかなりのエリアに、男尊女卑が根強く残っていることを改めて知るとともに、自分が思う以上にこれまではエッジな場所にいたのだなと感じました。私は、たまたま大学までは共学で、就職してからはインテリアやライフスタイル分野の編集者。女性編集長のもと働いていたために男尊女卑をさほど味わわなかっただけで、東京でも実のところは長い間、そんなものだったのかもしれません。今さらながら、なんと多くの日本の女の子たち、女性たちがそんな中で苦労していたのかと驚きもしました。女性たちが田舎からいなくなり、少子化が進むのは、古い世代の意識が変わらないことにも原因がある。それは、行政のおじさまたちももう少し考えてほしいですね。

ローカルな土星意識を常識だと思い、縛られていると、自由に動けなくなります。自分の環境にある土星意識が時代に合わなくなったとき、それを抜けていくことが大切なのです。

土星意識と天王星意識について、個人セッションでお話しして、とても成功した方がいます。初めは、20代の半ばで相談にいらっしゃいました。関西出身で、お付き合いしていた人とともに上京。東京で秘書として就職していたのが、彼が結婚に前向きではなく、そんなとき、関西にいる昔の恋人にアプローチされて揺れているということでした。「適齢期での結婚を望んでいるのは、あなたが生まれ育った関西での常識というローカルな土星意識です。あなたのハートが望んでいるのはどちらなのか、自分の心に聞いてみて」と答えたところ、頭のよい彼女はそれをすばやく理解して、自分のハートが望んでいる、天王星的なチャレンジである東京での仕事や恋愛を選ばれました。

次のご相談のときは、彼女の迷いが消えるとともに彼も変わり、東京の彼と同棲に入ったのですが、そこでまた彼女の中の古い土星意識、「家事は女性がするもの」という常識が作動して、完璧に家事をやろうとして疲弊してしまっていました。「あなたの中の関西ローカルの土星意識がまた顔を出しているのだけど、仕事もしているのだから、専業主婦だったお母さんのようにはできるわけがないですよね。あなたはローカルな土星意識の壁を破って、天王星的に成長するのを望んでいるのだから、やりたい気持ちはあっても、両方完璧にするのは物理的に無理。彼にもできるだけ家事を負担してもらえるように話し合ってみては」と提案したのです。そのときも、彼女はすぐに理解してくれました。

最後に来てくれたのは結婚前です。「Ｓａｙａさんのおかげで結婚まで行けました」と感謝して、報告に来てくださったのですね。ふたりとも外資系の職場に勤めていたのが彼の海外留学についていくと。今度は、日本という土星意識を抜けて、海外で天王星意識にチャレンジすることになったわけです。今度のアドバイスは、「彼に太陽を預けるのではなく、自分の意思と自己決定権を持つ女性に成長すること。そのためには自分なりに学びを深め、プロフェッショナルになること」でした。それも彼女はすぐに理解してくれて、彼の留学先でも彼の付属物になることなく、自分のやるべきことにフォーカスされていました。このご夫婦は、ご主人のほうも、ローカルな日本の土星意識に影響されない、グローバルで天王星的な夫婦になることを望んでいたので、うまくいったのだと思います。彼が彼女を甘やかすだけの存在ではなかったのが幸いしました。

ちなみに、20代の若くて可愛いうちにちやほやしてくれる男性は、女性が歳を取ったら、昔のあなたのような可愛い女の子に行ってしまうかも。そうでなくても歳を重ねて成熟したあなたにはまったく興味を示さないかもしれません。モラルハラスメントタイプはダメですが、手厳しいぐらいの人のほうが対等に見てくれているものです。

✳ 親に愛されるための「いい子」は手放す

外側の土星意識、地域の想念からの影響は大きいので、無意識に過ごしていると想念に飲み込まれることになります。親のコントロールが嫌で地元を出ても、「いい子」を続けていたら、ずっと親のコントロール下にいるのと変わりません。「精神的な自立」とは、物理的な距離ではなく、チャレンジをするとき、相談はするとしても、親の許可を必要としない大人になることです。どこかで、「いい子」はやめないと、自分という存在がないようで、とても苦しくなってしまうでしょう。

また、「いい子」のままでいると個が発揮されないので、非常事態になったときに自分の頭で考え、行動できないかもしれません。日本人の和を尊び、相手を思いやり、気持ちを察する精神は本当にすばらしいのですが、反面、個が発揮されず、たとえリーダーが時代に合わない考え方をしていても、それに合わせるしかないのが危険だと思います。日本の未来は女性にかかっていると、よくスピリチュアルな世界で言われます。女性の意識が高まり、自分を卑下することなく、きちんと意見を言えるようになれば、社会全体が変わる。男性性特有のプライドやエゴ、パワーに偏らない選択ができるようになるからだと思います。

✳内側に向き合う大切さ

私は12歳からずっと日記を書いていました。今でも覚えているのは、中学に入ったとき、「先生に見せるような表面だけの日記ではなく、自分の心に正直なものを書こう」と思い立ったのです。この六、七年は、星の文章で無心になれることから頻度は減りましたが、文章を書くことで自我が消えていき、状況を俯瞰することができる。心の成長にとって大切だと思います。

星占いを書くことも、物ごとを一面から見ないで、さまざまな人の視点に立ついい練習になったなと感じています。十二星座それぞれに波長を合わせるので、苦手な星座の人についても理解しようとつとめます。これを十年以上やったことで、自分自身に対しても、客観的になれました。こうして本を書くことでも無心になれるので、執着を手放せます。書いているといると、瞑想をしているようだなといつも思います。

女性は、とても優しい人が多いですね。周囲のために働いて当然と思っているし、周囲からもそう期待されています。もちろん、人の役に立てるのは喜びではあるのですが、それだけではどんどん苦しくなってしまう。瞑想とともに、星を読んだり日記を書いたり、自分の魂と向かい合うことで、自分の思いと行動を一致させていく強さが出てくるのを感じます。

セッションをしていると、私がお話ししたことについて、「自分でもそう思っていた」「わかっていた」という方がかなり多いのです。でも、わかっていても、違う方向や行動を選択してしまったり、なんとなく周囲に流されてしまったりしたら、意図しない方向に人生が進んでしまうのは当然ですね。

日本の女性への教育の問題もあって、「周囲に合わせなければいけない」「自分の主張をしてはいけない」という呪縛が強く、流されてしまうのですね。驚いたのは、「結婚してはいけない」と入籍前に気づいたのに結婚してしまい、離婚に至るようなケースが何例かあったこと。初めに自分の思いを大切にしていけば、そんなにひどい状態にはハマらなくてもいいはずなのです。どんな小さなささやきでも、自分の声を信じることがきっととても大切です。

＊自己決定の感覚は自己責任とは違う

「自分で人生を決めているという自己決定の感覚を持とう」と言うと、そうできない状況にあったにもかかわらず、自分の責任だと思い、自分を責めて罪悪感にハマってしまう女性もいます。でも、自分を否定しても何もいいことはありません。存在と行動は違いますから、行動が間違っていたと反省はしても、自分の存在を否定する必要はないんですね。

私の言う自己決定の感覚は、男性、女性問わず、「人間は、自分の人生を自分で決めていい。自分の時間やお金を人に渡さなくてよい。人生は自分で作れるのだ」という感覚のことです。これを持っている女性は、日本では実は少数派で、無力感にさいなまれている人、庇護してくれる誰かがいないと動けない人も多いのです。

コロナ禍より前のことになりますが、個人セッションで、客船のフロントデスクで働いている方がいました。日本文化を紹介したいと思い、伝統文化が残る古都で働いてみたい気持ちがある。客船に乗って離島に行くと離島もいいなと思うと、まだお若いこともあり、夢がいろいろある状態でした。ほかにも海外でのワーキングホリデーや結婚など本当にたくさんのビジョンがあったのです。

「金星がいて座にあって、旅や海外に行きたいのもわかるし、またICという居場所を表すポイントもいて座にあって、そうやって場所を変わって住みたい気持ちがある方。全部やってもいいので、優先順位をつけて、若いうちしかできないものからやってみては」とお話ししたところ、とても驚かれていました。どれかひとつに決めなくてはいけない、決まったところに定住し、定職に就かなくてはいけないという気持ちがとても強かったようです。

でも、彼女は留学経験があり、英語が話せます。社会情勢を見ながらにはなりますが、ゲストハウスやホテルで働きながら、自由なキャリアを積むことは可能なのです。若い方でも、まだまだ土星意識の想念に縛られているのだなと不思議な気持ちがしました。

もう江戸時代ではないのですから、合わない土地にとどまる必要もないし、住みたい場所に移り住み、仕事にすることは誰にとっても許されていることなのです。上の世代からは先祖代々の土地やお墓があると言われるかもしれません。でも、魂は、お墓の場所にはこだわりません。これは、宮古島のシャーマンにも言われたことですが、大切なのは供養をすることであって、お墓や仏壇、位牌のあるなしではないのです。そもそも、土地は地球からお借りして、私たち人間は管理しているだけなのですから。

＊他者にエネルギーを搾取させない

もちろん、どうしようもない責任で身動きがとれない人もいるでしょう。それでも、大前提として、「自分で自分の人生を作ってよい」ことは忘れないでほしいと思います。セッションでは、時々、家族や周囲の人の要望にがんじがらめになり、コントロールされている人もいます。たとえば、十五年も一日も休みなく、寝たきりのお母さまの介護をされているという方がいました。介護のために、結婚からも仕事からも縁遠い人生になってしまったと悩まれていました。もちろん、彼女の行動は、親孝行で価値があることですが、セッションにお見えになったときは疲れ切っていました。ご両親は裕福で、お母さまが施設に入る経済的な余裕がないわけではありません。でも、彼女は、お母さまの「家にいたい」という願いを叶えるためだけに人生を過ごしていたのです。「デイケアに母を預けて旅行に行くのが今の望み」という彼女に、「大手を振って休んで」と伝えました。

ノーと言うと、今まで甘えていた人たちは、期待が叶わないことに怒り出すかもしれません。でも、非難したり、不平不満を言ったりしている人というのは、そもそも相手を思いどおりにしたいと思っているわけですから、彼らが自己中心的なのです。そんな人たちのために時間を使ってあげる必要はないのです。

その代わり、自分を大切にして生きる場合、自己中心的になっていないかは常に点検しないといけません。思いどおりに生きることは、相手に自分の思いどおりになることを期待したり、支配したりするのとは違います。自分だけのわがままは時にはいいことです。でも、人にまで強制してはいけない。自分は自分でいる。他者に支配させないし、自分も支配しない。これは白魔女の大原則と言ってもいいでしょう。

✳ 振りをする「プリテンダー」と潜在意識で動く「ゾンビさん」

人付き合いの中で、「いい人そうなのに、なんだか変だな」と思うことはありませんか。言葉だけを聞いていると、素敵な人に思える。でも、心が触れ合わない。相手が何を感じ、考えているのかが見えない。「プリテンダー（振りをする人）」という歌が流行ったときにようやく「これは自分だけが感じていることではないんだな」と腑に落ちました。

私が見ている「プリテンダー」は、「人のため」とか「あなたのため」と口では言うけれど、実は、相手を利用することしか頭にない、エナジーヴァンパイア（対価を支払わず、自分の都合でお金や時間を奪う人）タイプの人たちです。第四章で書いたように、相手との境界がなくなるので、「海王星さん」と呼ぶこともありますが、さらに進むと、「ゾンビさん」になります。

「プリテンダー」と「ゾンビさん」は表裏一体。理想と違う現実が受け入れられないと、すべてうまくいっているような振りをする「プリテンダー」になる。SNSの浸透も、「プリテンダー」の量産を助けてしまった。でも、外に見せているのはその人の上澄みに過ぎないので、暗いものが心に沈殿してしまう。潜在意識には外側のその人とはまるで別の存在がいて、それと同化している。人間ではないような苦しみに満ちた何かなので、「ゾンビさん」なのです。こうしたゾンビさんたちが私の周囲で多発したのが2018年から2019年にかけてでした。

たとえば、世界平和を口にし、アジアの女性が自立するためのボランティア活動を熱心にされていたセラピストの方と個人的にお会いしたときのこと。若い頃からお仕事をされていて、尊敬に値する方だと思っていました。メッセージのやりとりでは「プリテンダー」の彼女を見ていたのだと思います。でも、お目にかかってからずっと家賃の支払い、あるヒーラーを招いたイベントの集客がうまくいかないこと、何年も前に頓挫したビジネスの話など、潜在意識の心配ごとがダダ漏れになっていました。お金が必要なのは明らかなのに、彼女の意識の中には「崇高な理想に生きる自分」がいるので、それを認められない。お金のことはシャドーになっているんだろうなと黙って聞いていたら、会話の途中で突然、彼女のサロンに所属する占星術師としてホームページに掲載したいと言われてのけぞりました。私の本業は文筆で、セッションをするのは読者の方に望まれたときだけなのはご存じでしたし、彼女のサロンで仕事をしてほしいという申し出を受けてもいないので、とても不自然でした。私程度で宣伝につながるとも思えないものの、私を彼女の下に置いて、集客や売り上げに結びつけたいように見えました。慕っていたはずのヒーラーについても、「随分（お金を）吸い取られた」というような言い方をしていたので、顕在意識と潜在意識のギャップに驚いたことでした。

　多くの人を助けてきたはずの人でも、インナーチャイルドの自分を癒せていない。長らく精神世界を探求してきても、少しも幸せになってはないようにも感じました。スピリチュアルな世界には「私たちのいる三次元は、本当の世界ではない」という教えが根強くありますが、それに甘えて、現実を生きないでいると、精神世界は逃げるための場所になってしまうし、エネルギーを注がれていない現実は劣化してしまう。その結果、理想と現実の自分が乖離してプリテンダーになる。いよいよ現実が行き詰まってプリテンダーでもいられなくなると、相手からもらいたがるゾンビさんになってしまうのだと思います。グラウンディングせずとも高次元に飛んでいるうちはよくても、その波動から自分が落ちてしまうと、幽界にでもつながってしまうのかもしれません。

新興宗教を心の拠りどころとしていた友人が「ゾンビさん」になってしまったのもこの頃でした。以前から入信するよう勧誘されていたのですが、生まれたときのホロスコープでみずがめ座に火星を持つ私は、宗教に限らず、組織というものにまったく興味はありません。「特定の宗教や組織に属したくないから」とその都度、ていねいにお断りしていました。ただ彼女はもともと、私への依存が深く、私が引っ越したり、長期の旅行に出たり、エネルギーが少しでも変わるとパニックになったり、常に彼女のことを優先しないと攻撃的になることがそれまでに何度もありました。パートナーシップがうまくいかなくなると、私をパートナー代わりにして怒りを向けられることもありましたから、「私が彼女とは別の人生を歩んでいて、同じ宗教に入らない」ことがどうしても受け入れられなかったのかもしれません。私からすると、しつこくされるほどに心理的な距離は遠くなっていきました。外側には完璧な自分しか見せない彼女は、今思うと、ずっと「プリテンダー」であり、とっくに「ゾンビさん」になっていたのかもしれません。十五年前に入信した時点で、彼女は私が思う以上に人生がつらかったのかもしれませんね。それはわかってあげられませんでした。

最後のメールは、彼女の実家に起こった突然の不幸を知らせるものでしたが、そこにも勧誘の言葉が並んでいました。「人はいつどうなるかわからない。私があなたにできるのはその宗教に誘うことだけだから、今のうちに伝えておきたい」「夢で見たあなたがとても苦しんでいたけど、その宗教のお祈りをしたら、楽になったように見えた」「私の周囲のおとめ座の人がみんな事故に遭っているから、あなたのこともすごく心配なんだけど、その宗教に入りさえすれば（きっといいことがある）」「名前だけでも入れたい」。行間にはプリテンダーらしく、「あなたのため」と言いながら、こちらを支配するような不気味さが漂っていました。

出会ったときはシングルで身軽だった私もそれから二十年。パートナーもいて、違う街に住んでいる。別々の人間で、別々の人生を歩んでいる。彼女にも家族がいる。私は、彼女のパートナーではないのです。普通は、いくら友人同士でも、「いつも一緒」「宗教も一緒」などあり得ず、無理強いできないとわかるはず。宗教を信じている人を否定するつもりはないですし、信仰があっても、強制しない人とは人間関係は作れます。でも、信じない自由も憲法では認められているので、他者を無理に入信させようとするのはやってはいけないこと。不幸な出来ごとが身の上に続き、不安な彼女の心境を思うと、力になりたい気持ちはあったものの、お付き合いできなくなってしまいました。

初めに書いたセラピストの方もこの人もとても純粋で、宗教やヒーラーに心酔し、相手の気持ちなどおかまいなしに執着するのがとてもよく似ていました。自分以外のものにエネルギーを注いでしまうから、自分を愛せていない。その分を他者（この場合は私）からもらおうとしているように見えました。

こちらが召使いか、疲れを知らない天使だと思っているかのように、二十四時間対応を求めるゾンビさんたちもこの頃、目立ちました。近々、特別大変なことがあったわけでも、自殺しそうなほど落ち込んでいるわけでもないし、「こういうわけで今苦しい」というように自己開示をして、助けを求めるわけではないのです。思わせぶりな短文をメッセージして「それはどういうことなの？」というように、自分のほうを向かせようとするのが共通していました。平日の午前中に毎日一時間、恋愛相談のチャットの相手をさせようとする人、職場の昼休みや帰りの通勤電車の中でメッセージを送ってきて、チャットをさせようとする人。ゾンビさんは境界がなく、こちらが嫌がっているのが明らかでも、ともかくしつこいのです。京都が晴れていても、東京が大雨だったりすると、東京のゾンビさんたちが荒れるのですね。気圧や暗闇で不安になった心の穴を埋めようと、私の都合はおかまいなしで連絡してくるのです。

中にはやんわりと断ろうとすると、「友達なら黙って聞いてくれるものだ」「もっと優しいことを言えば、セッションも流行るんじゃないの」「(占い師が悩み相談をされるのは)医者が合コンでも健康相談されるようなものだよね」とまで言って相手をさせようとする人もいました(セッションの予約もしていないし、当然ながらお金も発生していないのですが、友達と言っておきながら、プロフェッショナルな対応を求めるのです)。十数年前に交流のあった時期はあるのですが、彼女から五年ぶりに連絡が来て、久しぶりにやりとりするようになっただけ。家族もいるし、華やかな仕事もしていて、周りに大勢の人がいるはずなのに、昔の知り合いにすぎない私にこんなふうに言ってまでチャットの相手をさせようという孤独や彼女の中の闇の深さに戸惑いました。このように、その時点で友達と呼べるような関係にない人たちが突然、豹変して距離を縮め、こちらをぬいぐるみのように抱きしめて思いどおりにしようとするのがゾンビさんの特徴です。母子関係のような無条件の愛情を他人に求めるのは、うお座の海王星の影響なのだろうかと考え込んだものです。私の生まれたときのホロスコープではおとめ座に四天体あり、トランジットの海王星のハードアスペクト（オポジション）下では仕方ないのかもしれませんが、心地はよくないものです。

ゾンビさんたちはみな40代後半から50代。特段不幸なわけではないけれど、なんとはなしの「幸せではない感じ」をもっているのが共通していました。親も年老いてきて、仕事での行き詰まり感もある。夫婦関係も冷え切っている。若いときは両親やパートナーから無尽蔵にもらえていたエネルギーが他者から得られなくなって、依存先を探してさまよっているうちに、ゾンビさんになってしまったようでもありました。ただ、そのときの現実との向き合えなさや対応の仕方がまるで10代や20代のようで、なぜなのだろうと思うと、とことん他者に依存して生きてきたのだと思い当たりました。自分の寂しさと向き合いたくないから、心のからっぽの穴に他者をあてがう。彼女たちの中で他者とは、穴を埋める存在にすぎないのです。

それは、自分の心をしっかり見つめ、必要なときは助けを求めたり、話したりする、自分にも他者にも意識的な態度とはまったく違います。生まれたときのホロスコープで、風のグランドトライン（星が作る正三角形）を持つ私の風のエネルギーを自分の心の整理のために必要とする人は確かに大勢います。でも、セッションを受ける方などは、どんなにつらい状況にいるとしても、私にコンタクトをして、予約や決済をして、当日約束を守って来ることができる。話をすることも、聞くこともできる。でも、ゾンビさんたちは、「素敵な自分」という「プリテンダー」であることに全精力を使っているので、自分の癒しのために遣うエネルギーが残っていないようでした。この本の編集者は、それを可処分所得ならぬ「可処分時間（それに費やせる時間）」であり、「可処分メンタル（それに費やせるメンタル、自分の気持ち）」だと言いましたが、言い得て妙ですね。

＊「勝ち負け」を基準にしない

そうやって自分に対しても嘘をつき続け、幸せな振りをしているのはなぜなんだろうとさらにつき詰めていくと、彼女たちは、自分の優秀さを証明するために、「負けないこと」を基準にしているのだとわかってきました。占星術を本当の意味で理解していると、人生では悪い時期もあるし、一度も負けないなどはあり得ないとわかります。でも、彼女たちは決して負けない、白星を上げ続ける人生を生きていることが多く、失敗のない選択を目指す傾向があります。パートナー選びでも失敗がないことを前提にしているから、愛していない人と頭で考えて結婚したりする。それはリアルではないわけだから、最終的には失敗する選択だというパラドックスには気づけない。自分に嘘をつくことにも慣れてしまったので、自分が何を考えているか、どう思っているかもわからない。だから、自己開示もできないのだと思います。他者をつっかえ棒にはできても、他者と関わるための言葉は持っていないのです。

その「勝ち負け」をジャッジするプログラムは、彼女たちの中では常に作動しているようです。これに気づいたときは、「まだ大昔に流行った勝ち犬、負け犬をやっているの？」と驚いたのですが（私はあまり気にしないので、当時も「夫に飼われている勝ち犬でもないし、会社に飼われている負け犬ですらなく、フリーランスの私は野良犬です」などと言っていたものです）、どんなときも、相手と自分の比較の中に生きて競争しているのです。

「勝ち負け」の意識がある人は、相手との関係においても常に自分が上でないと気が済まないので、こちらを「負けることのない相手」と思っているときだけ心を開きます。主導権は自分にあるのだと確認したいための拒絶で自分を守ります。早い話が思いどおりにならないと少しでも思ったり、自分が負けてしまうかもしれない＝自分の虚構の世界が揺らぐかもしれないと感じたりすると、ドタキャンをするのですね。自分が拒絶しているのだというポーズを取るわけです。役割で人を判断し、上か下かでしか見られないので、偉そうになるか、へりくだるかのどちらかです。

第三章で書いた、燃え尽きてしまったヒーラーさんも、嘘をついていた人も今思うと、ゾンビさんになりかけていたのですが、すべて2018年から2019年にかけての話です。今思うと、おひつじ座とおうし座を天王星が行き来していたので、すでにおひつじ座の「勝ち負け」は古い感性になりつつあったのに、次のおうし座の天王星のエネルギーには乗っていけないので、焦っていたのかもしれません。いいえ、本当は、おひつじ座の天王星の自立の力を正しく自分の中に育てていれば、それが自分の芯となって、他者との比較の中で勝つ必要などなくなるのです。育っていないと、あおられているようで焦ってしまう。それで、おひつじ座の天王星のネガティヴな面である敵意やライバル心が強く出ている人が多かったし、次の時代のおうし座の天王星についていけないと、うお座の海王星の心の海に溺れてしまっていた。感情があふれてきて、現実についていけないような人も多い時期でした。

もしかしたら、彼女たちが私に向ける敵意の理由は、私が天王星的に見えて、気に入らなかっただけなのかもしれません。彼女たちの星座に向けて書く占い内容、私が東京を離れて結婚したこと、彼女たちとともにいないこと。そんなくだらないレベルの話だったのかなと今は思えます。それなら近づかなければいいのに、どうしても気になってしまうので、わざわざやってきては「ちょっかい」を出してしまうという感じでした。

人生の選択は、魂の自由意志。失敗する自由だってあるし、一時的には失敗のように思えても、やり直しもできる。その人生の価値は死ぬまでわからない。失敗から学ぶことこそが魂のシナリオということもある。「うまくやる」ことだけがいいわけではない。ゾンビさんたちの人生を否定するつもりなどなかったのに、ただの八つ当たりのようなことも随分ありました。

天王星がおうし座、海王星がうお座という星まわりは、２０２１年現在もまだ続いています。意識を明晰に保ち、現実に向かい合わないと、心は外側へとさまよい出し、潜在意識のままにぼんやりと行動する自動運転のゾンビになってしまうかもしれない時代だと肝に銘じておきたいものです。そして、もしもあなたがつらくて、誰かをつっかえ棒にしそうに、ゾンビさんになりそうになったら、人間ではなく、本物の天使に助けを求めてください。星や天使、自然や精霊とつながっていたら、厳しい現実にも向かい合える。他者からエネルギーを奪うほどには苦しくはならないのですから。

✳ 自分をなくしていくことの恐ろしさ

ゾンビさんについて書いているときに、同世代の友人の訃報というショッキングな知らせが飛び込んできました。ある日ベッドに入って、そのまま目覚めなかったという彼女とは実は、六年ほど会えていませんでした。もともとは、『ELLE（エル）』のブログを読んでコンタクトしてくれて、数年間とても親しくしていました。ただ最後の一年は、彼女のほうから「会いたい」と誘ってくれるのですが、当日、三十分くらい前になってほかの予定を入れたからと、ドタキャンが繰り返される。当時、私は沖縄、彼女は東京在住。前日までは東京にいて「会いたい」と言うけれど、沖縄に来ると、仕事でもないのに、「ほかの人と会うから、ごめんね」となってしまうのです。その態度はどこか攻撃的で、以前のように愛情に満ちたものではなくなっていました。「会う、会わない」の選択の権利も主導権も自分にあると誇示をし、拒絶をするために誘っているかのようで不自然でした。その頃、彼女は夫と別居する話も出ていて、しばらく経つと離婚もしたようだったので、こちらから連絡するのもどうかと思っているうちに疎遠になっていました。

最後になったやりとりではいろいろ落ち着いてからでいいから、確実に会えるときに連絡してほしいとお願いすると、友達ならドタキャンも受け入れるべきだという調子で、以来、連絡もなかったので、彼女も無条件の愛情を求めるゾンビさんになりかけていたのかもしれません。彼女が私に対し、おかしな態度を取るようになったのも、おひつじ座に入った天王星とやぎ座の冥王星のハードアスペクトがきつくなった頃。自分でもどうにもならなかったのかもしれませんね。

今になれば、ゾンビさんたちも、ゾンビになりそうな自分に苦しんでいて、正気を保ちたくて私に連絡していたのかもしれないと思います。でも、ゾンビになりかけていると波動が合わないので、どうしても会えないし、話もできないのです。

「何かに取り憑かれたかのように、ゾンビになりそうで苦しむ人」と「ゾンビになりかけた人を救おうとする人」という共依存にも思える構図が見えてきて、さらにハッとしたことには、それは2020年に大流行の『鬼滅の刃』の「鬼になった妹を救う」物語そのままだということ。『鬼滅の刃』がこれだけ人気を集めるということは、私たちの集合意識は、自分をなくしそうなときに何を投げうってでも助けてくれる救世主を求めているのかもしれません。

亡くなった彼女は、私以外の人には救世主であろうとしていた気がします。会いたいという人、必要とする人に人生を明け渡し、自分というものをどんどんなくしていくように見えました。愛をどんどん配って、幸せになるならいいのですが、どんどん苦しく、孤独になっていました（昔の彼女なら口にしそうもない、人への妬みや恨みもSNSでつぶやいていました）。表面的にはやりたいことをやって、活躍しているようだったけれど、実は無理をしていて、光が強くなるほど外側の光と内面の闇のギャップは激しくなっているようでした。彼女の心臓が突然に止まってしまったことは、自分をなくしていくことの恐ろしさとともに、他者に愛を求めたり与えすぎたりという共依存にはまることなく、自分で自分を愛してあげることの大切さを再確認させてくれた気がしています。彼女の人生にも向き合いたくない現実があり、その苦しさから逃げようと「プリテンダー」を続けるうちにゾンビさんになってしまう構図があったように見えるからです。

何かできなかったのかと考えるのですが、ゾンビさんたちは助けさせてはくれないのですね。絶対に負けたくない彼女たちにとって、助けたり、与えたりする側にいるのは常に自分なのです。その意味で、ケアワーカー的な質を持った人が陥りがちなのかもしれませんし、弱さを見せたくないから、ドタキャン（拒絶）もするのかもしれません。本当の友達とは助け合い、与え合うことができるものですが、ゾンビさんたちは与えてもらっていると認識することもない。本物ではなく、ガラス張りの自立の鎧を着ているかのようでした。

亡くなった彼女にもゾンビさんたちにも、「悩みごとがあるなら時間を作るから、会いに来て」と言ったものですが、それも来ることはありません。てっとり早く、自分の寂しさを埋めるためにはあてがいたいけれど、相談するほどリスペクトしてはいないということなのか、支配したいだけなのか。もしくはそこで話してしまうと、心の鎧が崩れたり、実際に気持ちの変化が生まれたりするのが怖いのかもしれません。時間を共有して一緒に泣いたり、つらさを共有したりできたら、こちらにとってもエネルギーを奪われる感覚はないはずですが、ゾンビさんたちにとって、ゾンビの自分を見せる、裸の自分を見せるのはきっとあり得ないことなのです。

でも、人間は、そんなに強いものではありません。弱ったら助けてもらうのは当たり前のこと。素直に自分の話をして助けを求める。約束をしたら、体調が悪いのではない限り、それを守る。かと言って、いつも、いつも頼らない。それが相手をリスペクトし、信頼を得ていくことだと思います。そんな「当たり前」ができなくなったら、精神的に参っているということ。早めのケアをしてほしいなと思います。

✳ 両親のゆがんだ関係を引き継がない

私に対してドタキャンを繰り返していた彼女は、最後のやりとりで、「あなたは、自分にとって、母親と同じところに入ってしまっている」とも言っていました。つまり、彼女にとっての母親のように、何をしてもいい相手になってしまっていた。ほかのゾンビさんたちの行動にも、私に対して、男性が長い付き合いの彼女や母親にするような甘えやぞんざいさが見られました。

ゾンビさんたちの家庭環境にも不思議と共通点があります。父親は大抵の場合、高学歴だったり、地域の名士だったり。対して、母親は自分がないタイプで、父親を崇拝していますし、家族のために献身し、何でもしてくれます。彼女たちは、心理学的にはいわば「父の娘」。父親や祖父を尊敬し、父親と同じ道を歩んだり、そうでなくとも、父親並みに仕事の成果を上げようとしたり、父親の承認を得ることに必死になります。父親の地位は絶対なので、現実のパートナーは、父親に勝つことのない、自分と対等な相手を選んだりします。そうしていれば、自分は永遠に娘のままだからです。娘として、父親をおびやかさない程度に優秀。それがきっとゾンビさんたちの生存戦略なのです。

結局は、結婚しても子どもがいても、実は、女性性を否定し、男性性だけを生きているのですね。顕在意識では女性性を下に見ながら、自分はやりたくない女性性を他者に被せようとしている。母親が元気で、自分のできないことを代わりにやってくれている。辻褄が合っているうちはいいけれど、母親が年老いて、調子が悪くなり、自分が母親の世話をするポジションにまわると自分も崩れる。内面の女性性は母親とつながっていて、自分自身とのつながりはとても弱いのです。

父親や兄弟を優先していた男尊女卑の母親と同化してしまっている。でも、憧れているのは父親です。大人になったら結婚して、父親のように何でもしてくれる妻が手に入ると思っていたのに得られないので、そのポジションに女友達を置こうとすると言ったらいいのでしょうか。何でも頼めて、甘えられて、自分の都合に合わせてくれる母親や妻が手に入れれば、自分はまだ娘でいられるというわけです。

私は、そのときのターゲットになりやすい。心理学で言う「転移」が起こらないように、セッションではとても気をつけていましたが、根っからのセラピスト気質で、友人知人との間にも「転移」が起こりやすいのかもしれません。あるいは、私がフリーランスで子どもがいないことで、時間があるように勘違いさせてしまったのかもしれません。かに座の月が母性を連想させるのかもしれません。彼女たちの多くが私のアセンダントであるさそり座に海王星を持っているからかもしれません。強気なようでいて、女性にしか甘えられないのかもしれません。昔の私なら、まんまと相手の作戦に引っかかり、世話をしていたと思います。でも、あるとき気がついたのです。自分を犠牲にしてまで、彼女たちの完璧な世界を維持する必要はないことを。それで、「共依存」体質から脱出すべく自分なりに心の世界を学んできたので、こちらも必死にスルーしようとします。でも、彼女たちにとっての理想の友達というのが母親のように自分がなく、何でも自分の都合に合わせて、自分の人生を最優先に助けてくれる存在なのでしょう。自分の妻や母親役をやらせようとする女友達と、やりたくない私との猛烈な攻防も生まれたのでした。

アドラー心理学などでは問題行動の5段階というものがあるそうで、初めは、賞賛、それから注目を求める。次に権力争いを仕掛ける。それでも相手から思っているような愛が手に入らないと、復讐を始め、最後には無能さを証明しようとするのだそうです。海王星さんたちがゾンビになるプロセスは本当にこのままで、思いどおりにならないとなぜか敵意を向けてくるのです。これは、一部の読者の方たちにも言えました。ほとんどの読者さんたちは素敵な大人の女性ですが、中には理性で考えたら訳がわからない問題行動を起こす人もいました。今になって考えると、私に対して大勢いるうちのひとりでは嫌だ、自分だけを特別にしてほしいという欲求が出発点にあった気がします。

こうした一種の支配が起こっていたのは、やぎ座に冥王星が長く滞在していることともきっと関係するのでしょう。相手を所有しようとすると、結局は失うことになる。それを世の中の多くの人が経験しているのだと思います。彼女たちが共依存関係に持ち込もうとしなければ、楽しく友達付き合いができたわけです。コントロール争いが起こると、どちらも勝たない事態になりやすいのが残念なところです。どうしても権力争いをしてしまうせいか、パートナーシップがうまくいっていない人も多かったですね。

エリートの父親に自分のない妻という夫婦は、私たちの親世代にはよく見られた構図です。何でもしてくれるようで、実は、娘にあまり価値を置いていない母親というのもきっと多いのでしょう。男性性と女性性のバランスは、初めは両親から受け継ぐものですが、それがゆがんでいた場合は注意したいもの。ゆがんだ男性性と女性性を自分の人生で再現してしまうと、人生は虚しいものになってしまうからです。自分はいつも人にかしずいてもらう側、相手に献身はしないという態度を取っていると、幸せが遠ざかることは覚えておいてほしいですね。

似たような家庭環境にあっても、他者の世話もできる人はゾンビさんにはならないはずです。でも、父親を猛烈に尊敬するのは考えものですね。父親は、何でもしてくれる母親がいてこその出世だったのです。２０２３年には冥王星がみずがめ座に入り、これまでのようにひとりの人を全員で支えるようなやり方は成立しなくなります。家族であっても、他者からエネルギーをもらわないといけないほどには出世を目指さない。お互いが対等に成長できるようにエネルギーをシェアし合う。それが今後の家族や人間関係で大切なことだと思います。

他者から奪うばかりの人は行き詰まり、苦しくなっていくものです。問題行動を起こす人たちにとらわれ、共依存にハマると、自分の人生の進み具合も遅くなります。優しい人には難しいものですが、自分の人生を他者に搾取させない決意をしてくださいね。

プリテンダーやゾンビさんにならないために

占星術的に言うと、プリテンダーは、アセンダントなどの外側の自分だけで生きていて、ホロスコープの中に種として植えつけられた星たちが育っていないのです。その星たちが他者に期待されるまま、他者や環境からの太陽という光を当てにして生きてきた場合、エイジングとともに他者から光がもらえなくなり、どんどん萎んでしまうから、ゾンビさんになるのでしょう。それが女性の場合、若さを失った40代から50代でやってくる。人に期待された自分やこうありたい自分など、形にだけエネルギーを注いできて内側がからっぽだと、自分よりエネルギーのある人からもらいたがるのです。あのゾンビさんたちは、きっと育つことのできなかった星たちの残骸であり、インナーチャイルドの痛みなのです。

読者の方たちに対しても、私が慰めだけの星占いにならないようにしているのは、励ましや慰めだけをずっと言い続けても、その人のためにならないからです。いえ、ファンタジーも本当につらいときにはいいのです。私も就職活動がうまくいかないとき、あるいは失恋したときなど、一ヶ月くらい漫画ばかり読んでしまう経験が何度もあります。良質なファンタジーは、私たちが現実を生きるのを助けてくれるものです。でも、漫画では自分の現実とは違うという認識ができても、占いは自分の人生の話として聞きます。ファンタジーを持ち込んでしまうと、現実認識ができなくなることがあるのです。きっと宗教にも同じ面がある。宗教でなくても、自分以外の特定の人をカリスマと崇めていたら、危険は常にあると思います。

自分の人生の現実から逃げて、ファンタジーの世界を生きていると、現実はどんどん劣化していきます。ゾンビさんたちのそのほかの共通点として、パートナーや子どもがいても、浮気してしまう傾向も強いのですが、浮気するほど追い詰められる前にパートナーとの関係の立て直しに向かい合う強さが必要でした。でも、パートナーもプリテンダーだとそれができない。変わるための現実的な相談ではなく、ファンタジーの世界を生き続けるためのエネルギー的な絆創膏として他者を使おうとする。若い頃は、お酒を飲みながら他愛もない話をするくらいで済んでいたゆがみが溜まりに溜まって、エイジングとともに噴き出てしまうことになる。優しすぎて相手に何も言えなかったり、きれいなものしか受け入れられなかったり。そんな金星的な人たちがどうしようもなくなってゾンビ化する傾向が強いのですが、自分の現実と向き合い、素直な自分を開示すること。すでにエネルギーのなくなった過去や人間関係には執着しないこと。そして、自分の中の星を育てていくことがきっととても大切です。

十五年前のミクシィのプライベートな日記には実はこう書いていました。これはきっと直観で得たメッセージ。今の自分にとっても大切に思える十五年前の自分の言葉を引用しておきます。

2006.4.14

今日、あるメイクアップアーティストの方の取材で
おしゃべりが盛り上がったのが
自分で自分の中身を満たす重要性。
本当の意味で、いい女は中が満たされている。
つい何かしてほしい、わかってほしい、と外に求めがちだけれど、
中が満たされていれば、
無理矢理わかってもらわなくてもいい。
自分が寂しくないように、自分で面倒を見ること。

それは、私もここのところ思っていたことだったから、
心からうなずいてしまった。
物質的自立より難しいのが精神的自立だとつくづく思う。
自分で自分を楽しませて、
他人からエネルギーを吸い取ろうとしないこと。
もらおう、もらおうとする人は疲れるし、

自分がそうならないようにケアすること。

なぜ30代後半で、こうもセルフケアが重要になってくるのか。
たぶん、20代は、依存していても、
それを補うだけの若さや可愛らしさがあるから、許されるし、
何かあっても治りが早いんだろうな。
身体のエイジングとともに、心の角質化も進んでいくから、
強ばってガチガチになってしまったりする。
いったん負のスパイラルにはまると、抜け出せないのだ。

2006.11.6

20代、30代前半まで素敵だった人が、
30代後半、40代と輝きを失っていく。
エイジングだけでは片付けられない、興味深いテーマです。
生命力の衰え、精神の未熟さ。

ばらばらには答えがあったのだけど、
今日ちょっとした会話をヒントに腑に落ちました。

ボディとスピリットは、ソウルの両輪なんですね。
人間というソウルの乗り物には
ボディとスピリットというふたつの側面があり、
ソウルがバランスを取っている（舵取り、運転）。
ボディ（若さ、生命力、生体の強さ）だけで人生を渡ってきて、
スピリットは子供のままだった人は、
30代後半から急速に衰えていく。
片方のエンジンだけで走っていたのが、
そのエンジンが弱まると、もう走れなくなってしまう。
私たちは、精神的自立と経済的自立（成熟とも言う）
の両方を目指し、日々努力していく。
ソウルは何度も転生しているので、
転生のたびにテーマがあり、レッスンを重ねていく。

そういうことなんだなあと思います。
30代後半以降、スピリットのエンジンが物を言い始める。
ボディはこれから成長することはないけれど、
スピリットの成長は止まらないから。
うーん、年をとるのが楽しみです。

✳ 見落としがちな土星と土星のオポジション

第二章でご紹介したセドナのヒーラー、クレッグ・ジュンジュラスさん。この本の執筆に当たり、クレッグに再インタビューやセッションをお願いしたわけですが、その中で、「トランジットの土星がネイタルの土星にオポジットした44歳のときにセドナにやってきた」という言葉がありました。魂の時計として、土星を使っているとも。魂の時計というのは、まさに私が星を見るときと同じ感覚。とくに、土星は悪いもののように言う人もいますが、決してそうではなく、時が来たことを正確に教えてくれるのです。

同時に、クレッグの言葉に気づかされたことがありました。私もクレッグ同様44歳、ちょうど土星と土星のオポジションの11月に結婚しています。そのときは、自分の太陽にもトランジットの木星が来ていて、「木星が来ているから、土星のオポもあるけれど、まあ、いいか」ととても木星らしいおおらかさを発揮した選択でした。そのときに京都への移住も決めました。でも、土星と土星のオポジションだけを考えても、人生を変えるべきタイミングではあったんですね。

私は、意外と土星と土星のオポジション（生まれたときの土星に現在の土星が180度の角度をとること）を見落としていたのかもしれません。同世代の人たちが似たようなタイミングで共有する土星と土星のオポジションは、上の世代を見ていて、現実が重く感じられ、つらそうだなと思ってはいたのですが、自分のときにはアセンダントへの土星の通過のほうに気を取られていました。と言うのも、私の生まれたときのホロスコープでは土星が7ハウスにあり、土星と土星のオポジションとなると、アセンダントや1ハウスに土星がやってくるタイミングでもあるからです。アセンダントはセルフイメージと関連し、土星が来ると、コミュニティからの期待もとても強くなる。とくに、私はさそり座にアセンダントがあるので、同調圧力を感じて苦しくなる時期でもあるのです。つまり、世代的につらいタイミングと私個人のタイミングが重なってしまうのが私のチャートなのですね。そして、アセンダントへの重圧を跳ね除けて、土星と土星のオポジションで魂の時計どおりに動いたということになります。

そうやって考えていくと、30歳前後の土星回帰の直後に会社を辞めるなど、魂の時計どおりに動くことにたまたま慣れていた私は、44歳でも人生の軌道修正ができた。でも、ゾンビさんたちは、鏡のように土星が見せてくる自分の現実を認められないまま、「こんなはずではない」という否認を続けて立ちすくんだまま数年が過ぎて、ゾンビさんになってしまっていたのかもしれません。天王星がおうし座に入ったときにはエネルギーが変わったことに慌ててしまい、身近にいる私に「藁にでもすがる思い」で取り憑いてしまったり、時にはマウントしてしまったりもした。そして、私自身も、「女性のエイジングは大変だなあ」と十五年前、30代半ばなら遠い未来として客観視できたことも、渦中となると、自分のエイジングで手一杯。とても他者のことまで理解できていなかったと思うと、占星術に携わる者としては失格かもしれませんね。

42歳頃には天王星と天王星のオポジションもあります。42歳のタイミングも、44歳のタイミングも、多少の前後はあれ、全員に共通しているものですが、女性にとってはエイジングと密接に関係しています。もう若くはないと気づくのがこの頃です。そのときになって、外側の自分を美しく見せることだけにエネルギーを注いできた人だと、内側はどうなっているのだろうと心の中をのぞいても、十五年前の私の日記で言うところのスピリットのエンジンが錆びついているために使いものにならなくて、戸惑ってしまうのです。

現実が見られなくてプリテンダーになってしまい、ゾンビ化する。そのときの「現実」は、まさに土星。30歳前後で訪れる一回目の土星回帰の選択の結果が見えてくるのが十四年後の土星と土星のオポジションのタイミング。そのときに劣化した現実から目を背けず、ファンタジーの世界にも逃げ込まずに向き合い、必要とあらば、テコ入れを怖がらない。守られて生きてくると動くのが怖いのはよくわかるのですが、それがとても大切だなあと思います。さらに還暦を目前にする二度目の土星回帰ではこれまでの選択の結果がすべて現れてくることになるのでしょう。ゾンビさんたちの中でも二度目の土星回帰を前にした人がいました。土星という現実がつらすぎるとき、海王星に逃げ込む。そして、プリテンダー、ゾンビになっていくんですね。でも、実は土星に向き合えば、つらい状況を抜けていくことも、ブレークスルーも可能です。逃げないことが本当に重要です。

✳ 十二星座のエネルギーを感じてみる

最後に、星座が持つエネルギーについて触れてみたいと思います。惑星たちは運び手として、この星座のエネルギーを地上にもたらしてくれているのです。

黄道十二星座は、人間の成長物語になっているのはよく知られた話です。太陽のとおり道である黄道が十二に分割され、おひつじ座からうお座まで十二星座が割り振られています。うお座の海から生まれた赤子のような感性がおひつじ座のエネルギーですが、おうし座では周囲の「物」に手を触れていきます。ふたご座では言葉を覚えて、コミュニケーションを図り、かに座では家族のもとに戻ります。外に出かけてみて、家の心地よさを知るのですね。惑星たちが十二星座を移り変わる中で、さまざまなエネルギーが地上の私たちにもたらされ、意識も変わっていくのです。

そして、しし座は外に遊びに出かけていく無邪気な子どものエネルギーです。自分を中心に世界は完璧であるという子どものような世界観も特徴です。おとめ座は、夏休みのあとで学校が始まるような、修道女のようなエネルギーです。ここまでは、個人のパーソナリティを完成させることを優先する星座です。

てんびん座になると、初めて他者が視野に入ってきます。パートナーとの関係に悩むようになるのですね。そして、さそり座ではセックスなど距離を置かずに溶け合うことがテーマになります。いて座ではその共依存的な世界から抜け出て、新しい高みへとジャンプします。やぎ座ではたくさんの可能性のあったいて座の世界とは違い、ひとつの道を選択し、極めようとします。

ここまでが三次元的な世界ですが、みずがめ座になると、三次元的な世界での達成を見限り、新しい世界を構築しようとします。うお座は最後にまた集合無意識の海へと戻っていきます。

これが十二星座のストーリーですが、ひとつひとつの星座にもまたエネルギーがあります。おひつじ座は単体で存在し、他者の存在を認識できない、シンプルさがあります。火の星座であり、非常にパワフルです。おひつじ座の対角にはてんびん座があり、これは男性星座の組です。てんびん座は他者を意識する風のエネルギーです。おひつじ座とてんびん座は両極であり、「私とあなた」のバランスが取れることで、人生の流れもよくなっていきます。たとえば、おひつじ座に星や感受点が多い人は、自分の思いばかりではなく、「相手はどう考えているんだろう」と相手の受け取り方に思いを馳せることが大切です。一方、てんびん座の人は、逆に「あなた」ばかりで、「私」の視点が欠けやすいので、「私はどうしたいのか」と直観に耳を澄ますことが大切になります。

おひつじ座のエネルギーに同調している人は自由にしていたいので、社会的な権威とぶつかりやすく、支配されているように感じやすいという投影があります。また家族にはとことん甘える癖もあります。てんびん座に同調していると、わがままな人に振りまわされているように感じやすいですが、実は、自分こそ意思表示をしていなかったり、相手にまかせきっていたりも。他者との関わり方に課題があるかもしれません。

次に、おうし座は何かを手にする、物や人間関係への所有欲を示します。また五感の星座でもあり、地上での生や快楽を満喫するのにぴったりの土のエネルギーです。対角はさそり座ですが、こちらは内側へと深めていく井戸のような水のエネルギーです。子宮も象徴し、ともかく内側へと掘り続けるのです。さそり座の世界は物質にとどまらない欲望でもあり、この組は、「物質と心」の対比なので、こちらもバランスを取ることが大切になります。おうし座とさそり座は、女性星座の組です。

おうし座に同調している人は、他者を働かせて自分が受け取ることに長けているため、働くこと、動くことが苦手なところがあります。寄りかかり、自分の思いどおりに支配するのではなく、相手のやり方を尊重しながら、コラボレーションできるようになると成長できます。さそり座に同調している人は、相手のやりたいことを察して動けますが、リーダーになることが苦手です。「与える」ことができるようになると変わってきます。

また、さそり座の欲は、物質を超えたものへと向かっていくとお話ししましたが、人を一途に思うあまり、執着になっていくこともあります。

次に、ふたご座といて座の男性星座の組があります。ふたご座は風のエネルギーですが、蝶々のようにあちこちを飛びまわる軽やかさがあります。対角にあるいて座は火のエネルギーであり、こちらは鋭く放たれた弓矢のような緊張感があります。ふたご座といて座は、どちらも自由やコミュニケーションを大切にする星座なのですが、そのアプローチ法は両極にあります。

ふたご座のエネルギーは、深めて狭くなることを嫌い、広く浅く知ること、またそれを伝えることでバランスを取ります。いわば、通訳のような星座です。いて座は、学ぶことを愛していますし、ナチュラルな性質に「成長」があります。ふたご座が水平に飛ぶ蝶々ならば、いて座は高みをめざして垂直に飛ぼうとする弓矢なのです。ここでも、その中間を取ることで、知識のバランスが取れてきます。

ふたご座に同調している人はよくトリックスターとして働きます。目に見えないものをキャッチし、時に自分が悪者になりながらも、状況を変化させるところがあります。あらゆる意味で媒介となるのですね。いて座に同調している人は、自由に羽ばたいているうちに周囲がついてこられないことがあります。振り返ると誰もいないというように、帰る場所を失わないようにしたいところです。

そして、かに座とやぎ座です。かに座もやぎ座も、女性星座であり、愛情や安全を大切にしていますが、そのアプローチ法は両極です。家庭や一族といった身近な集団に安全を依存するかに座に対し、やぎ座はもっと大きな組織や社会に依存します。自分が安全と感じるためには家族だけでは足らないという用心深さがあるのです。そのため、社会を正そうとしていきます。これもバランスが必要な事柄です。

かに座のエネルギーに同調している人は、自分の属している集団への依存が激しいので、身びいきになることもあります。愛は自分の集団に向けられるもので、とても限定的です。その代わり、徹底して味方もします。やぎ座のエネルギーに同調している人は、社会全体に愛が向けられますが、その愛が叶えられないと怒り出すようなところがあります。また、その愛はわかりづらいものです。ひとつの山を登り、道を達成しようと歩き続けるので、周囲からの声は届かない。一見、自己中心的に見えるかもしれません。

やぎ座のエネルギーには義務、責任、年功序列、男女の役割分担などもあるので、冥王星がやぎ座に入る中で、女性の役割に生きてきた人の痛みも強く出てきています。やぎ座に同調すると、正しくありたいと望むので、それが叶わないとき、罪悪感を強く持つ傾向もあります。

しし座とみずがめ座に移りましょう。こちらは男性星座の組です。しし座は守護する太陽のように、世界でひとつだけの存在、自分をありのままで肯定するようなポジティヴな火のエネルギーです。一方、みずがめ座は、もっと引いて、全体を考えるような風のエネルギーです。すべての人と平等に付き合うことがみずがめ座のミッションなので、しし座に偏りすぎると特別意識となり、「私とそのほか大勢」ともなりやすいのです。みずがめ座は、「全体のうちのひとり」という意識がありますが、みずがめ座に偏りすぎると、自分の存在が透明になりすぎるかもしれません。これもバランスを取りたいところです。

最後は、おとめ座とうお座。女性星座の組です。おとめ座は感覚の土の星座ですが、同時に、水星が守護するので、非常に分析的です。普通なら感覚でとらえるものを言葉にしようという無謀な挑戦をするのがおとめ座です。自分が感じていることを言葉にしないではいられない。おとめ座は大腸を象徴しますが、大腸のように消化しないではいられないのです。対して、うお座は、海のようなカオスのエネルギーです。

おとめ座に偏りすぎると分析しすぎますし、うお座に偏りすぎると、混沌として手がつけられなくなります。それは無意識の海のようなものです。こちらもバランスを取ることがとても必要です。

おとめ座のエネルギーに同調しすぎると、いい加減なものは受け入れられなくなります。非常にピュアなので、ほかを排除するようになるのです。うお座は愛を志向していますが、十二星座の最後ですから、すべてを受け入れすぎて、ほかの星座が取らなかったものも溜まっていきます。海のヘドロのように暗いものが溜まっているときもあります。おとめ座とうお座がキッパリ分かれてしまうと、光と闇のコントラストがくっきりとしすぎるでしょう。うお座では感情を浄化することが大切です。

第六章

白魔女になるワーク

この章でお伝えしたいこと

ここまで、私の物語をお話ししてきました。きっとお腹いっぱいになったことと思います。でも、それは私と同じようにしなさいということではありません。ホロスコープも、ご先祖も、魂の転生の歴史もひとりひとり違うのですから、あなた自身になってほしいなと思います。白い魔女になる道は平坦ではありませんが、でも、とても楽しいものでもあります。

外にばかり目を向けたり、表面上の達成を目指したりせず、マイペースで行きましょう。他者から奪うようにして、一時的に成功したとしても、それは長続きしません。いつか息切れしてしまいます。

それぞれがそれぞれの個性で白い魔女になる。それが2020年末のグレートコンジャンクションで始まるとも言われる風の時代、そして、2023年に始まるみずがめ座の冥王星の時代にはきっと力を持つでしょう。そうなるまでにはこれまでの世界もしっかり学び、その中で残すべきもの、手放すものを見極めていくことが必要です。でも、自分を知らなければ、自分の中に基準がないので、何も決められません。自分を深く掘り下げ、自分の心地よい状態を知っておけば、取捨選択ができるし、世界とのズレも調整できるようになります。

みずがめ座の時代は、やぎ座までの時代のように確実なひとつの価値観があるわけではありません。そこでは状況に応じて、予兆を読み解くことが大切になるでしょう。私の場合は、だいたい一年前くらいにわかりやすく示されることが多いのです。たとえば、２０１５年11月13日のパリ同時多発テロ。その一年四ヶ月前、十年ぶりくらいにパリを訪れ、とても嫌な空気を感じていました。初めてパリを訪れた三十年前とはまるで違い、街を歩くと多民族化が進んでいるけれど、高級ホテルに行くと白人しかいない。街中で分断をハッキリ感じることができたのです。その十年前にパリを訪れたときは暴動の最中でしたが、そのとき以上に張り詰めたものがありました。パスポートにイスラエルのスタンプがあるとほかのイスラム諸国には入国できないなど、日本にいると想像もできない緊張も知ることとなり、もうパリは住むところではないとＮＹに移住する日本人読者の方ともお会いしました。ＥＵ統合のプロセスで盛り上がっていた時代とは流れる空気が違いましたし、初めて海外で怪我をしたのもこのときでした。「しばらくは、ヨーロッパは行かないほうがいい」と星の会でもお話ししていたものでした。

国内でも熊本地震の前の一年間も、インプラントを入れるためによく熊本を訪れていましたが、何かアクシデントが起こりやすい。直前の3月に最後の検診で訪れたときは、福岡で私はぎっくり背中に。背中が固まったまま熊本へ向かったものです。街の波動が下がっているとしか言いようがないのですが、そうしたときは何か合図があるように思っています。自分の運が悪いと受け止めず、全体的な予兆として読み取り、対策を取るようにできるのが理想です。そのためにも見えない世界に依存するのではなく、見えない世界との適切な付き合い方を覚えていきたいですね。

SAY YES!

MIND

● 占星術を日々、意識し、星の運行で、自分の心に変化があることを感じてみると、マインドがリセットされます。月星座が書かれたカレンダーや手帳、占星天文暦などを使って、宇宙とつながってみましょう。

- astro.comなどで、自分のホロスコープを出してみましょう。生年月日、出生時間、出生場所が必要です。ホロスコープをプリントアウトして持ち歩き、星座や惑星のシンボルマークを覚えましょう。
- それぞれの惑星の度数に一度を足すとサビアンシンボルが出せます。サビアンシンボルをネットや本などで調べてみましょう。自分の人生にシンボルが現象化しているかもしれません。
- 30歳前後の土星回帰、生まれたときの土星に土星が通過するタイミングでは何を感じ、どんな選択をしたでしょうか。還暦前にやってくる二回目の土星回帰ではどんなことがあると思いますか。
- 2010年から2011年、2018年から2019年。天王星が移動するタイミングでどんな出来ごとが起こりましたか。

●占星術には惑星期という考え方があります。15歳から24歳の金星期、25歳から34歳の太陽期、35歳から44歳の火星期、そして、45歳から54歳の木星期。あなたの人生はシフトしていますか。過去に思いをめぐらせながら、未来のビジョンを描いてみましょう。

SPILIT

●ご先祖さまとのつながりを感じてみましょう。両親から話を聞き、家系図を書いて、歴史を振り返りましょう。あなたの生まれてきた家系に共通しているテーマはなんでしょうか。

●父方の父方と母方、母方の父方と母方、それだけでも四つの筋があります。そのうち、どの筋に親和性を感じますか。あなたと似たような生き方をしている人が存在する家系はありませんか。その人の気持ちがわかるように感じませんか。

●自分の一族の誰かがやっていたことは、あなたもやってみると、うまくいく可能性があるでしょう。才能の種が眠っているかもしれませんし、守護霊さんが味方してくれるかもしれません。

●戸籍を取り寄せ、ルーツをたどってみましょう。ご縁のある土地を訪れてみましょう。

●自分の生まれた町や今住んでいる場所の神社にお参りに行きましょう。ご祭神はどなたでしょうか。女神が現れたら、その物語を調べてみましょう。今の自分に通じるところはないでしょうか。

SOUL

●過去生の存在を信じられますか。信頼できるチャネラーやヒプノセラピストにコンタクトして、セッションを受けてみましょう。気になる場所があれば、訪れてみましょう。人生を変えるヒントがあるかもしれません。

●チャネラーやヒプノセラピストを選ぶときは、しっかり説明してくれるガイド的な存在を選ぶこと。占い師にしても同様です。どんな素朴な疑問にも答えてくれる人なら、料金がちょっと高くてもお願いしていいでしょう。逆に、自分をミステリアスな、特別な存在に見せようとする人とは距離を置きましょう。まずはインターネットで調べてみましょう。頭で判断せず、自分と合いそうな人、好きになれそうな、人柄のよさそうな人をハートで探してください。

BODY

●身体を動かしていますか。オンラインでもいいので、ピラティスやヨガのレッスンを受けてみましょう。続けることで体幹が整い、動ける自分になっていきます。健康を保つために必要なウォーキングの量は、一週間で56000歩だそうです！

●自炊をして、オーガニックの野菜をたくさん摂りましょう。毎日鍋でも、味噌汁でもいいのです。添加物でいっぱいのパンやお惣菜などの加工食品はできるだけ避けて。

●体調や心の調子を崩しやすい季節はいつか思い出してみて。アーユルヴェーダや東洋医学の力を借りて、食養生をしてもよさそうです。

FLOWER ENERGY

●自分に合うフラワーエッセンスを探してみましょう。私には蘭のエッセンスが合いましたが、あなたにはもっと別のものがいいかもしれません。

CRASSICAL HOMEOPATHY

●クラシカルホメオパシーのセルフケアの本やキットを買ってみましょう。ホメオパシーにはポーテンシー（希釈濃度）がありますが、セルフケアには30Cがいいそうです。オンラインでもいいので、セルフケア講座に参加しましょう。もし本格的にコンサルテーションを受けてみたいと思ったら、信頼できるホメオパスにコンタクトしてください。

HEART

●自分のやりたいことをやっていますか。おすすめは、ジュリア・キャメロンの『ずっとやりたかったことをやりなさい。』『いくつになっても、「ずっとやりたかったこと」をやりなさい。』（サンマーク出版）という本です。どんな小さなことでもいいのです。自分の中の「私らしさ」の芽を潰さず、育てていきましょう。

NATURE

●自然と触れ合いましょう。プランターで植物を育ててもいいかもしれません。週末にはお散歩をしましょう。大地とつながりを感じましょう。

ACTION

●自分という存在と行動は別です。「自分を変えなさい」と言われると抵抗が生まれるものですが、行動を変えても、自分自身は危険にさらされませんし、むしろ不安があるときは、現実的に行動したほうがリスクは減っていきます。今の自分に必要な行動は何でしょうか。ハートの中心に戻って、見つめてみましょう。

AFFIRMATION

●白魔女十か条をベッドの枕もとやトイレに貼りましょう。手帳に挟んで、電車の中で眺めてもいいかもしれません。私たちの頭や心は、形状記憶のワイシャツみたいに、放っておくと、すぐに戻ってしまいます。訓練づけることが大切なのです。

STORY TELLING

ここまでに調べたこと、わかったことをもとに自分の物語を書いてみましょう。うまくなくていいのです。箇条書きにした事実をあとからつなげてもいい。「私」との対話を続けるうちに、心がスーッと澄んでくるはずです。

SAY NO!

運を悪くする〈十〉の行動

一 他者の物語を生きる

他者の期待に合わせ、自分とつながらない、絵空事のような物語を生きていると、自分がわからなくなります。それはとても苦しいもの。

二 プリテンダーになる

自分がわからないまま、漂うように生きていると、素性を隠したり、嘘をついたりするのが平気になります。自分とも、相手とも本当にはつながれない状態に。生きている実感がないはずです。操り人形や依りしろになっていきます。

三　自立が行きすぎ、人に助けを求められない

ひとりで生きるのだという気持ちが強すぎると、人に助けを求められなくなります。助けられていることも認められなくなります。

四　ファンタジーの自分を手放さない

いつも素敵で輝いている自分。愛されている自分。そんな幻想の自分にしがみついてしまうと、ますます本当の自分は置いてけぼりに。もう変えたほうがいい現実も変えられなくなるのです。

五　パートナーや友人を物扱いする

自分の弱さなど心の存在を認めずに生きていると、他者の心も認められなくなります。相手の心や自由な意思を認めないと、所有し、命令するような態度に、つまりコントロールになります。すると、相手は寂しさから去っていきます。関係を喪失することになるでしょう。

六 他者をリスペクトしない

わかりやすいのは他者の時間を尊重しない人。プリテンダーとして、自分を素敵に見せるのに精一杯で、ファンタジーの世界や自分の成功だけに没入していると、他者との心はますます離れていき、相手には相手の時間が流れていることを認められなくなるでしょう。

七 他者を裁く

自分の弱さを認められないと、他者の弱さも認められなくなるので、相手を裁くようになります。いつも断罪され、精神的に責められているように感じるので、これも関係を壊す原因になるでしょう。

八 エナジーヴァンパイア的行動をする

自分自身を生きない、つまり他者の期待という他者の物語を生き、プリテンダーを続けて苦しくなると、人からエネルギーを奪うエナジーヴァンパイアに。時間を奪う人もそうだし、相手が嫌がっても、その人に嗜癖していくことに。

九 シーライオニングをする

プリテンダーが極まると、自分の本当に言いたいことは一切伝えず、周辺からふんわりと伝えるので、相手にとってはシーライオニングというちょっかいを出す行動に。ひっきりなしのメッセージにうんざりされてしまいます。

十 行動しないでいる

不安を見つめず、ファンタジーの世界に生きていると、現実はどんどん悪化していきます。行動しないでいるという行動を選択していると、運の悪化は間違いなしです！

セラピストからのメッセージ

セラピストを探す手がかりに

これまで仕事柄、たくさんのセラピーやヒーリングを取材する機会がありましたが、中でも印象深く、自分の癒しにつながったと感じたものをこの本ではご紹介しました。読者のみなさんにもきっとお役に立つはずなので、セラピストさんたちからのメッセージという形で改めてご紹介したいと思います。

みなさんが口を揃えるのは、ありのままの自分でいる大切さと自分自身でいたときに大きなパワーが発揮できること。それは、ホロスコープを見ていても実感することです。もちろん、よいセラピーは、ここにご紹介したものだけではないでしょう。自分にふさわしいセラピーを探す手がかりにしていただけたらうれしいです。

Message

前世療法（ヒプノセラピー）

大槻麻衣子さん

P141（第二章）

小さな頃から、「人種や宗教間の争いや偏見を減らしたい、地球の平和に貢献したい」という願いをもち、「人の心の成長を助けること」が自分の喜びにつながると気づいていた私の人生を決定的に変えたのは、１９９７年、アメリカで出会った精神科医のブライアン・Ｌ・ワイス氏の著書でした。氏の提唱する前世療法は、ヒプノセラピー（退行催眠療法）の一種で、クライエントの子ども時代や胎児の記憶にとどまらず、過去生にまでさかのぼり、癒しを行うものです。私たちが魂の存在であり、人種や性別を超えて、転生をしながら学んでいることを教えてくれる前世療法は、まさに探し求めていたものでした。翌春にはフロリダでプロフェッショナルトレーニングを受け、以来、日本で前世療法を行ってきました。

当初のクライエントは、精神的に自立して幸せになりたいという女性が多かったのですが、開業と同時に子育てをしていたこともあり、次第に自分と同じような子育て中のお母さんたちを応援するようになりました。子どもの頃に虐待を受けていたために子育てに不安のある方などもいらっしゃいました。次第に、不登校、発達障害や依存の問題を抱える子どもたちを見ることも増えていって、近年では40代、50代を中心に、子どもからシニア世代まで、幅広い年齢層の方々が来談されています。子育ても終わりが見えて、自分のアイデンティティやパートナーシップの問題を抱えている方ですね。義務や仕事以外にどうしたら自分らしく生きられるのか、みなさん悩まれているのです。

これまでに五千人以上の方の成長のお手伝いをしてきて、どんなケースでもカウンセリングとヒプノセラピーでインナーチャイルドを癒し、安心感と自己肯定感を抱いてもらうことで、症状や問題が落ち着くことがわかっています。さらに、前世を思い出してもらうことで、その人の魂のギフトが目覚め、才能が開花していくのです。

自律神経失調、うつ、パニック障害、不安や依存などの症状を長年抱えているケースには、段階的に心の体質を改善していくクリニカルコースを設けています。どんな場合でも本人が変わりたいと願い、着実に取り組むことで、道はひらかれることを実感しています。現在は世界で注目されているアメリカのハートマス研究所の認定トレーナーとして、最先端の科学的根拠のあるハートに軸を置いたストレスマネジメントのメソッドも導入し、クライエントのレジリエンス向上に役立てています。

人生とは「経験」し、「学ぶ」場であり、どんな方にも生まれもったギフトがあります。それを開花させて、地球に来た目的を達成してほしいというのが私の願い。その鍵となるのがハートです。心の奥に、魂のコアである光、愛と叡智の源があります。そこにつながって、生きてほしいと願っています。そして、想像してみてください。自分が癒され、喜びや感謝でハートがいっぱいになったとき、その波動は周囲に広がり、地球の健やかな未来に貢献するのだということを。

Message

先祖の浄化、
ホリスティックヒーリング

大槻文彦さん

P123（第二章）

父が外科医で医療の世界が身近だったせいか、子どもの頃から、「人の健康を守りたい」と思っていました。単純だった私は、「マントをつけたら飛べる」と信じ、スーパーマンの真似をして屋根から落ちたこともありました。考えるより先に、身体の感覚的なセンサーで動くタイプで、柔道などのスポーツもしていたことから、医療マッサージの国家資格を取り、ケガや術後の回復などを助けていました。お年寄りが好きなので、介護ヘルパーの資格も取り、訪問医療マッサージもしています。
　エネルギーヒーリングについては、スピリチュアル好きな医師である姉に誘われ、30代でヒーリングスクールに通ったことがきっかけです。思いがけず、スクール内で「大将」と呼ばれるほど能力が開花しました。さらに、ヒプノセラピーのスクールで麻衣子と出会い、ふたりで「大槻ホリスティック」を開業したのです。その後もさまざまな師から学びましたが、セドナのヒーラー、クレッグには、家族のような親しみと尊敬を感じています。

　ヒーリングでは、その人を地球にしっかりとグラウンディングさせ、必要のないエネルギーを浄化しています。オーラの中に溜まってしまった後悔や古い思い、依存的な他人のエネルギーなどを取り除きますが、過去世や先祖を浄化するときは、その魂がしっかりと天に上がるよう促します。大事なのは、心、身体、魂がクリアになり、自分本来のエネルギー１００パーセントで、「今ここ」に目覚めたあり方を取り戻すことです。

　長年続けてきた身体を癒す仕事、そして、エネルギーヒーリング。自分の歩んできた道から自然と統合医療に目覚め、二度目の土星回帰を迎える現在は、鍼灸・中医学の国家資格を取得中です。近い将来、総合的なホリスティック治療院を開設したいと思っています。

Message

セルフディスカバリー・セッション

クレッグ・ジュンジュラスさん

P137（第二章）

私はアメリカ・NY出身ですが、トランジットの土星がネイタルの太陽にオポジットした約二十五年前から、セドナに住んでいます。セドナではサイキックとして、ヒーラーとして、スピリチュアルな教師として生きています。私のホロスコープではやぎ座がライジングサイン。若い頃は、物質的な成功を期待する家族との関係に葛藤しながら、しし座の太陽の自分らしく生きることを追求していました。四十年以上前、企業で細菌学系の研究開発をしていたときに、大変な状態の地球のビジョンを見たこともあり、以来、将来、地球に何が起こっても、ひとりひとりが危機に備えられるように、これまで多くの人の魂の目覚めを助けてきました。それをセルフディスカバリー・セッションと呼んでいます。

セッションの初めでは、まったく知らない他人を目の前にして、私にも何が起こるかわかりません。ですが、長年の経験からどうやればいいかわかっていて、シンプルに天に向かって求めると、映画や白昼夢のようにイメージが降ってくるのです。私が感じたことを話し始めると、高次元からのエネルギーが降り注ぎ、身体が暖かくなって、自分が広がって、大きくなっていきます。「僕はひとりでやっているわけではない」と思えますし、自分はチームの一員だと感じます。クライエントのインナーチャイルドに呼びかけると、遊んでいるその子が振り返ってくれます。次第に、大人になるにつれて身につけた刷り込みのない、ピュアな本質がわかってきます。そして、過去生も見えてきます。そこでは、過去生でのその人と同じ感覚を共有しているかのように感じます。クライエントの硬さがとれ、心を開いてくれるようになるとともにエネルギーワークもします。このように、オーラのリーディングから始め、後半でヒーリングとエンパワーメントを施し、クライエントが本当の自分を見つけるプロセスを助けるのがセルフディスカバリー・セッションです。

セッションで大切なことは、私が高次元の意識、ハイアーセルフにつながり、自分のハイアーセルフと相手のハイアーセルフがつながること。そして、何よりクライエント自身が自らのハイアーセルフとつながり、自分で答えを見つけられるよう導くことです。私はサイキックなので、未来のこともわかりますが、クライエントから「将来どうなるだろうか」と質問されても、答えは与えないようにしています。その代わりに、クライエントが進みたい道を阻んでいるブロックを解放し、その人が自分で目標に到達するための力を与えます。頭と心と身体がつながり、エネルギーがより温かく、明るく軽やかになり、その人のキャパシティが広がって、次のステップへ進めるようにエネルギーワークをするのです。

お問い合わせ

大槻ホリスティック

神奈川県相模原市南区相模大野９-19-42-2

http://www.otsuki-holistic.com/

大槻ホリスティックでは麻衣子さん・文彦さんのほか、クレッグ・ジュンジュラスとのオンラインセッションが随時可能です。

Message

リビングトゥリーオーキッド エッセンス
セラピューティック エナジー キネシオロジー

寺山順子さん

P192（第三章）

私が「リビングトゥリー オーキッドエッセンス」（以下ＬＴＯＥ）に初めて出会ったのは２００４年頃だったかと思います。当時の私は、英国認定のアロマセラピストとして、毎年、何かしらの勉強会に参加するため渡英していました。あるとき、予定のない一日があり、ふと世界中のフラワーエッセンスを扱っているインターナショナルフラワーエッセンスレパートリー（以下ＩＦＥＲ）を訪ねてみようと思い立ちました。

ＩＦＥＲのオーナーで、ＬＴＯＥの作り手、ドン・デニス氏に会い、温室に入ると、そこで出会ったのが可愛い赤ピンクのパフィオペディラムの蘭（「アンヴェーリング アフェクション」というエッセンスの蘭）でした。ドンは「この花が〃私でエッセンスを作ってほしい〃と僕に話しかけてきたんだよね」と不思議な話をしてくれました。帰国を二、三日後に控えていた私は、「このエッセンスは自然のサイクルに合わせてくれるから、時差ぼけにいいよ」と教えてもらって、「ビーイング イン タイム」というエッセンスを買いました。普段ならヨーロッパから帰国後の四、五日は、時差ぼけでボーっと過ごしていた私が帰国翌日から普段のように仕事ができるではありませんか！　本当にビックリしました。

ＬＴＯＥのエッセンスは、高い波動を持ち、年々、新しいエッセンスが生まれています。ここ十年ほどはＬＴＯＥを使った「セラピューティック エナジーキネシオロジー（以下ＴＥＫ）」を学び、日本でセッションを行っています。監修のエイドリアン・ブリト＝ババプーレ博士が見せてくれたＴＥＫセッションは、私が今まで学びたかったもののすべてが集約されてあり、ただただ驚きの体験の連続でした。

ＴＥＫセッションは、自分の魂の目的を達成できるよう、うまくいっていないエネルギーポイントを見つけ、活性し整え、ヒーリングへと導く、すばらしい魂のセッションです。筋反射でひとつずつ確認をしながら、オーキッドエッセンス、ホメオパシーのレメディ等を個々のエネルギーに合わせていきます。私は自分の頭で判断する方法があまり好きではないので、ＴＥＫが大好きです。自分の頭でセッションしてしまうと、自分の理解の範疇に収まってしまいますが、筋肉の反応はそれを超えた部分を見せてくれます。エッセンスボトルを身体に置くだけで筋肉の反応が変わるという、エネルギー変化の速さを体感されたお客さまも納得され、喜んでいただいています。出てくる内容が個々の心の琴線に触れることも多く、ＴＥＫの癒しの奥深さに畏敬の念でいっぱいになります。日々の仕事を通じて、高次の意識で生き、愛になることを目的としている私達の魂を助けてくれるのがＬＴＯＥであり、ＴＥＫであると感じています。

Message

セラピューティック エナジー
キネシオロジー

エイドリアン・ブリット＝ババプーレ博士

P191（第三章）

「セラピューティック エナジーキネシオロジー」（ＴＥＫ）は、アプライド（応用）キネシオロジーの原理と、ウエイヒポイントと呼ばれる経穴の考え方を合わせ、発展させたものです。個々のクライエントとのセラピーにおいて、ほとんどのプラクティショナーが正しく診断ができていない結果が見られたので、解決する方法としてこれを開発しました。ＴＥＫのシステムは、おもにホメオパシーの処方と、オーキッド（蘭の）

エッセンスの本質の理解に適応しています。これを用いることで、あらゆるセラピーによりよい効果と結果を与え、非常に有効であることが見受けられます。

ＴＥＫの原理は、この短い原稿の範囲を超えているため、ここで詳しく述べることはできません。ホメオパシーやオーキッドエッセンスなどが適切であるとわかったとき、人々を治癒へと導く目的を明確にしながら、エナジーメディスンを組み合わせ、使っていく方法を紹介するものです。

Message

リビングトゥリー
オーキッドエッセンス

ドン・デニスさん

P193（第三章）

フラワーエッセンスは、ヨーロッパでは一世紀ほど歴史がある、伝統的な民間療法です。１９３０年代にエドワード・バッチ博士によって、広く知られるようになりましたが、イタリアやオーストリアの村々、ロシアのコーカサス山脈ではバッチフラワーレメディが現れるより前に作られていました。

私は、１９９８年の９月のある夜、蘭が私に話しかけてくるという経験ののちに蘭のエッセンスを作るよう引き寄せられました。最初のエッセンスを作る経験から、花開いた蘭たちはいつも損なわれることなく、植物として残されたままです（私たちは花を切らないし、エッセンスを作るプロセスのすべてにおいて、蘭は傷つけられずに残されています）。すべては、水を張ったボウルに、開花した蘭の気（生体電気のエネルギー）を伝達するのに必要です。それから、アルコールの助けを借りて、水にエネルギーを保持します。最初に作られた「アンヴェーリング アフェクション」というエッセンス以来、二十二年間、私たちは百をはるかに超えるエッセンスを作ってきました。ブリト＝ババプーレ博士と一緒に仕事をするようになってからは、私たちはまた八十ものコンビネーションエッセンス（シングルエッセンスを組み合わせたもの）を注意深く作ってきました。

フラワーエッセンスのエネルギーは、鍼灸で使われる経絡を通して、私たちの身体をめぐり、それから私たちのチャクラにおいて作用します。これは、すべてのフラワーエッセンスに言えることです。私たちが作る蘭のエッセンスを特別なものにしているのはチャクラや身体の上に存在するエネルギーセンターに入り込み、作用する点です。それらは宇宙プラズマにおける波のように、私たちの意識や精神と宇宙の関係の輪郭を描きます。そのような蘭のエッセンスは、過去生からの問題がどこにあるのかも示唆するていった、目を見張るようなインパクトを持っています。私たちが多くの過去生を通して学んだレッスンは一般にかなり難しいものですが、きちんと使えば、蘭たちは、私たちがそれを難なく行えるように助けてくれます。

エッセンスはまた今回の人生で繰り返される諸問題についても、容易にしてくれます。ある人がクラシカルな歌唱法の練習により、高次のチャクラのひとつをひずませてしまい、二十年以上、ひどい不眠症で苦しんでいました。最適なエッセンスを確定する正しいテストを行い、不眠症はわずか数滴で治癒したのです。また、子ども時代にひどく苦しんだ人々は、ハートチャクラがブロックしています。これは、他者との関係に、あらゆる種類の問題を引き起こします。蘭のエッセンスは、これらのブロックを容易に溶かしてくれます。

とても簡単に言うと、蘭のエッセンスは、ネガティヴな状態を助けるレメディとして作用するか、〝エンハンサー〟として働きます。たとえば、リビングトゥリーオーキッドエッセンスの多くは瞑想体験を向上させてくれます。つまり、蘭のエッセンスを数滴とり、恩恵を得るに当たって、すべての人の体調が悪い必要はないわけです。私たちが蘭のエッセンスに引き寄せられるのはほとんどの場合、そのレメディ的な性質のためかもしれませんが、一般に、私たちの魂をもっとも深く助けてくれるのはエッセンスの

〃エンハンサー〃的な側面です。

リビングトゥリーオーキッドエッセンスを作る最初の数年は、私たちは南イングランドに拠点を置いていました。しかし、過去の十七年間は、私はスコットランドの西岸の小さな島に住んでいます。蘭たちは、そこで、クリーンで平穏な生活を楽しむことができます。私たちの温室は、海岸からたった数百メーターのところにあるので、私たちはとてもきれいな空気を維持しています。ギア島は、温帯気候で、極端な寒さやイギリス本島の暑さを避けられていいます。蘭を育て、エッセンスを作るには理想的なロケーションです。ここから、私たちは小さなネットワークですが、世界各地の代理店にエッセンスを送っています。

お問い合わせ

ヒーリングエッセンス
（フラワーエナジージャパン合同会社）
兵庫県神戸市東灘区住吉本町 2 丁目 15-4
https://www.healingorchid.jp

寺山順子さんのサロン、「ヒーリングエッセンス」では「セラピューティック エナジーキネシオロジー」や「リビングトゥリー オーキッドエッセンス」のセッションが受けられます。

Message

クラシカルホメオパシー

野村潤平さん

P207（第三章）

私がホメオパシーに出会ったのは、大学の寮に入った日にルドルフ・シュタイナーの名前を聞いたことがきっかけでした。シュタイナーの著作を読んでいると、時々ホメオパシーという言葉に出会いました。シュタイナーはホメオパシーこそ最善の医療だと言っていましたし、将来紛争地や熱帯地方で医療に従事したいと思っていましたので、自然医療であるホメオパシーのことはとても気になっていました。

あるとき「芸術はホメオパシーである」というミヒャエル・エンデの言葉を知りました。芸術とは単に美しいだけではなく、非常に洗練された毒が含まれているものであり、人はそれに触れ、経験することで健康になるというのです。確かに、著名な文学や詩は絶望や失意を描いたものがほとんどです。「人は劇場でシェイクスピア劇の殺人などの病的なものを目の当たりにする。そして劇場から出てきたとき、少し健康になっているのだ」とエンデはいいます。学生時代は毎週のように美術館に通っていたこともあり、ホメオパシーへの関心がさらに高まりました。

集中治療室や救急の看護師をしながらホメオパシーの学校に通い、卒業と同時に専業のホメオパスになり、荻野さんと学校を始めました。以来二十年近く経ちますが、ホメオパシーの世界は非常に奥が深く、高みを目指しても頂上にはいまだに道半ばです。日本にもっとホメオパスを増やし、多くの人にホメオパシーを経験していただければと願って京都の学校を運営しています。

ホメオパスの使命は、セッションを受けてくださった方が健康を取り戻すことです。ホメオパシーを確立したサミュエル・ハーネマンは、人類全体が健康になることを目指していました。さて医療のゴールは健康のはずですが、病院で働いているときには健康についてほとんど考える機会はほとんどありませんでした。ホメオパシーを学ぶようになってから、やっと健康とはどういう状態なのかが見えるようになってきました。健康とはその人の持っている潜在的な力を最大限発揮することであり、静的ではなく、ダイナミックに変化し、活動していて、もしくは高速に回転しているコマのように静止しながらも安定していて悪影響を寄せ付けず、困難なほかの人のためにできることをしようとする状態です。不要なしがらみから自由になり、ほかの人の生き方に干渉することもなくなります。「犀《さい》の角のようにただひとり歩め」という仏陀の言葉がありますが、人は本来おおいなるものに支えられながらも一人で屹立して歩むものであり、そのような孤独によって初めてほかの人と健全な関係を作ることができるようになります。これこそ自由であり、健康で、困難や悩みが減り、最大限愛を発揮できる状態に近いのです。

シュタイナーは、天体と人間存在のつながりを深く理解していました。天体とホメオパシーの関係を研究すれば、有意義なことがたくさん見えてくると思います。占星術の世界について私はまったく門外漢ですが、星座と言えば心に浮かぶ「星めぐりの歌」を聞くと、大きな世界に包まれるような安心感を覚えます。

この度は寺山さんからのご紹介で、Ｓａｙａさんの公開セッションをホメオパシーの教室でさせていただき、しかもご著書で私を紹介する機会をくださいまして、心から感謝いたします。

Message

クラシカルホメオパシー

荻野哲也さん

P270（第四章）

Ｓａｙａさんご出版のお祝いに寄せて、クラシカルホメオパシーのご紹介をさせて頂きます。クラシカルホメオパシーとは、１７９６年にドイツ人医師ハーネマンが確立した心身全体を穏やかに癒す自然療法です。その原理は、似たものが似たものを癒すという類似の法則（自然法則）を活用した健康療法で、毒を持って毒を制す、病を使って病を癒す、という古代からある癒しの術です。

たとえば、私は五年前に胆石症になり、吐き気と熱感と発汗を伴う激しい腹痛に苦しみました。それはまるで、ジャングルに放りこまれた中で、激しい腹痛に苛まれ、全身から生命力が抜き取られ、弱っていくようなつらさでした。そのときに利用したホメオパシーレメディ（ホメオパシーで使う薬のようなもの）は、キナ China でした。キナ China200C を1粒飲んだ数分後には、激しい腹痛は消え去り、熱感も発汗も吐き気も治まりました。先程まで、見知らぬジャングルの中で苦痛に苛まれていたのに、次の瞬間、無事、我が家のリビングに戻ってきたかのようでした。もともと、キナ China は、熱帯雨林に育つ樹木で、キナ皮には高熱と吐き気と発汗と腹痛を引き起こす力があります。それを、高熱と吐き気と発汗と腹痛の症状に苦しむ人に与えると、自然治癒が起きるのです（古くからキナ China はマラリアの特効薬として使われていました）。

それ以前、私は、39歳のときに脳出血で倒れています。病気の後遺症で半身麻痺は残り、手術の後遺症で、しばしば痙攣発作に見舞われました。現代西洋医学を初め様々な療法を受けてきましたが、痙攣発作は改善しませんでした。それが、44歳の時に出会ったホメオパシーのたった二粒のレメディによって奇跡的な回復を遂げました。現在も麻痺はあるものの、その後、痙攣発作は根治し、60代半ばの現在も、病院や薬のお世話になることなく、毎日元気に働いています。

ホメオパシーは現代西洋医学とは、まったく違うアプローチで人を健康にしていくものです。日本ではなじみが薄いですが、二百年以上の歴史があり、現在も英国王室などヨーロッパ中心に、世界中で広く受け容れられています。最近では、コロナ肺炎にかかった英国王室のチャールズ皇太子がブライオニアBryoniaというホメオパシーレメディで回復したことは、ニュースでも報じられました。

自分を救ってくれたこの摩訶不思議な療法をほとんど知られていない日本で広めたい。ホメオパシーを多くの方に理解・経験をしていただくことは、自分に与えられた使命だと思っています。２００７年には、ホメオパシーの基本を学ぶ学校「クラシカルホメオパシー京都」をホメオパスである妻の千恵美や野村潤平さんらと設立し、２０２１年秋には15周年を迎えようとしています。ホメオパシーの人材育成や実践経験を積み重ねるにつれ、使命感以上に、ホメオパシー自体をおもしろく楽しいものだと感じるようにもなりました。なぜなら、ホメオパシーは、自然という大宇宙と人という小宇宙との関係性やつながりの不思議を紐解こうとするものだからです。ホメオパシーは健康療法という枠には収まりきれない、広く深く豊かなものでもあるからです。Ｓａｙａさんがクラシカルホメオパシーを学んでみたいと思われたのも、私と同じようにクラシカルホメオパシーという広く深く豊かな森に分け入ってみたいという衝動にかられたからではないでしょうか。
　この森に魅せられた人たち、当校の専門コースで四年間の学びを終えた修了（卒業）生たちは、２０２１年春時点で八十名ほどになり、それぞれ自分のペースで活動を始めています。読者の皆さんのお近くにいるかも知れません。ご興味・関心を持たれた場合には、クラシカルホメオパシー京都まで、直接お尋ねいただければと思います。

お問い合わせ

クラシカルホメオパシー京都
京都府京都市下京区綾小路通室町西入ル善長寺町 143
マスギビル 302
https://www.chk-homeopathy.jp/

クラシカルホメオパシー京都ではホメオパシーのセルフケアを学べる基本講座、ホメオパスになるための専門課程のほか、荻野先生や野村先生のホメオパシー個人セッションもあります。オンラインでも可能なので、お問い合わせください。

リスクなくセラピーを受けるために

この本の校正も佳境に入った頃、前世療法の資格を取ったばかりの方から、モニターで遠隔セッションを提供したいというお申し出がありました。資格を取り立てということにやや不安はよぎったものの、ズームでできるのかという興味も、応援したい気持ちもあり、お受けしました。

セッション当日は、いくつか小さな違和感がありました。まず降りていくのに抵抗のある過去生が出てきてしまったこと。過去生はよく見えたのですが、十年前に受けた大槻麻衣子さんのセッションより全体に急ぎ足で、催眠中の私が言葉を探しているうちに先に行ってしまい、対話やフォローが少ないと感じました。また一度のセッションでふたつの過去生を訪れたのも以前とは違う点でした。

ハッキリと問題が現れたのは翌朝のこと。立っていられないくらい気分が悪く、だるさが出てしまったのです。慌てて整体に駆け込むと、「腎臓が腫れている」とのこと。数週間、エネルギーのバランスを崩すことになってしまいました。ただ横になっているだけのようでも、そこは時空を超える潜在意識の旅。遠隔だったこともあり、思いのほかエネルギーを遣っているし、ダメージを受けるものなのだなあと学びになりました。

ヒプノセラピーで気分が悪くなることがあるのか。一度にふたつの過去生に行ったのが原因なのか。セカンドオピニオンとして、大槻麻衣子さんにうかがったところ、ていねいなお返事をいただきました。読者のみなさんがセラピストを選ぶときの参考になりそうなので、許可を得て転載させていただきます。

「セラピーのあとに気分が悪くなったりするケースは、セラピストの経験値が浅いために、よかれと思って、強引に誘導してしまったときなどに起こりがちです。たとえて言えば、まだベテランとは言えない医師が難しい手術を手がけて、奥にあるものを取ろうとして、取り切れなかったというような。加減や見通しがうまく立てられなかったか、視野が狭くなって、その場での対応が柔軟に仕切れなかったなどが考えられます。

このような弊害を防ぐには、充分な事前カウンセリングによる目標設定の共有とラポール（信頼関係）の構築が必要です。またセラピスト側に十分な理解力、洞察力と柔軟性、加減を見計らう能力があることが望まれますが、たとえそれが未熟であったとしても、自分の能力を過信するのでなく、謙虚に信頼できていること。セラピーをさせていただく意図が、自分の承認欲求などからでなく、純粋なものであることなどが大事です。よりよいセラピーを施すために、セラピスト自身が自らを知り、癒され、成熟度を高めていくことが重要です。

私が生徒さんに伝えているのは、セラピストはクライエントが固いブロックを外すのをアシストするだけだということ。しっかりと寄り添い、サポートする姿勢の大切さです。セラピストは、産婆さんのように、陣痛が来ないうちは準備して待ち、できるだけクライエントの痛みがやわらぐよう力を尽くしていくことです。天の計らいを信頼しながら、高次元と最善のチームワークを発揮させて取り組むように伝えています。前世療法も、今ではたくさんの教師やセラピストが存在します。クリニカル、メディカルなヒプノセラピーの経験値が高いほど、ていねいに、かつ安全に結果を出していくようにしているはずです」

前世療法に限らないのですが、どんなセラピーでもパワフルに結果を出そうとする方たちは存在します。受け手の側が魔法や錬金術のようなミラクルを求めすぎると、その分、リスクも高まります。自然なスピードで、慎重に癒しを進めてくれるセラピストが理想ですが、経験値がないと、なかなか難しいものなのかもしれません。

スピリチュアルな世界の敷居が低くなってきて、これから足を踏み入れる人もきっと大勢いるとは思いますが、受けるときも慎重になりたいものですし、学ぶときも焦ることなく、少しずつ力をつけたいですね。自分のハートにもとづいて、小さな違和感を見逃さないようにしてください。

第三章でご紹介した蘭のエッセンス（リビングトゥリーオーキッドエッセンス）。数あるエッセンスの中でも私の読者の方たちに人気のものをご紹介します。セルフケアでも使えるアイテムなので、興味のある方は試してくださいね（ボトルに書いてあるドロップ数を舌下に垂らして使うのがおすすめです）。なお、エッセンスの説明には私の個人的な感想も含まれるので、全員に当てはまるとは限りません。

暮らしの中で役立つエッセンス

【ライフサイクルリニューアル】

女性のエイジングや更年期に。人生のあるサイクルが終わり、次のサイクルに踏み出さなくてはいけないことを受け入れさせてくれます。40代後半にはとくにおすすめ。

【メディテーション】

その名も瞑想のためのエッセンス。心を内側に向けてくれるので、瞑想に入りやすくなります。瞑想に慣れていない人でも深いインスピレーションが受け取れるはずです。

【シンパセティック】
【シンパセティック（P）】

シンパセティックとシンパセティック（P）の二本を交互に摂って使います。人混みに出かけると調子を崩す、緊張しやすい、不規則な生活を送っている。自律神経のバランスを崩しやすい方に喜ばれている組み合わせです（個人差があります）。

【エナジーマトリックスプロテクション】

パソコンやスマートフォンなど電磁波に囲まれた現代生活にぴったりの一本です。オーラスプレーもあるので、通勤で電車に乗るときにもシュッとして。3.11をきっかけに作られました。

Sayaおすすめの

蘭のエッセンス

Orchid Essence

風の時代に乗っていくために

【ニュービギニングス】

第三章でもご紹介した、2021年のグレートコンジャンクションのタイミングで開花した蘭から作られたエッセンス。摂ると視野がひらけたように感じられるのが特徴。軽やかな波動で、気持ちが沈みがちなときも前向きにさせてくれるでしょう。

【オーキッドエアーエレメント】

陰陽五行の発想から生まれた五つのエレメントエッセンスのうちのひとつ。パワーストーンのセレナイトとともに作られ、魂に喜びもたらし、肩の荷を軽くしてくれます。土の時代の古い価値観を手放せない、風の時代に乗っていきたい人にぴったりです。

【カンノンフローライト】

観音さまが彫られたフローライトから作られたエッセンス（蘭のエッセンスには時としてパワーストーン単体のものがあります）。男性性と女性性を調和させてくれるので、フローがとてもよくなります。人生の滞りがなくなり、前進し始めることを感じるでしょう。

【クラリファイングザシャドー】

ロシアのパワーストーン、シュンガイトとアメジストのマザーティンクチャー（母液）をブレンド。2020年、コロナ禍の中で生まれました。明晰性をもたらしてくれるので、依存傾向のある「ゾンビさん」になりそうな人にこそ、摂ってほしい一本です。

＊すべて「リビングトゥリー オーキッドエッセンス」の商品です。

あとがき

お付き合いのある何人かの読者の方たちに、「Ｓａｙａさんは、『魔女の宅急便』のキキのお母さんみたい。一見、普通の人なんだけど、実は、魔法が使えるという感じ」と言われたことがあります。角野栄子さんは、同じ大学の同じ学科の先輩に当たり、子どもの頃から大好きな作家さん。うれしい気持ちがしたものでした。ほかには「普通になろうとしている特別な人」という表現も。確かに、おとめ座に四天体ある生まれなので、アノニマスに暮らしたい気持ちも強いのですが、１ハウスにある海王星と木星のコンジャンクションが効いていて、どうも変わり者というか、知らないうちに目立ってしまい、「頭隠して尻隠さず」という状態になりやすい。そんな私をみんなよく見ているものだなあと思います。

この本は、いわば私の自由研究。私の個人的な体験をもとに、星やスピリチュアル、癒しの世界に初めて関心を持った人にもおもしろく読んでもらいたい。そして、役立たせてほしいと思って書いたものですが、いつか本にできないかなと未発表のまま書きためていた文章をベースにしました。まるで水瓶の中の水をひっくり返すように、心の中の思いや記憶を書いたように思っています。たままご縁があって、オンライン媒体を中心に仕事をしていますが、本来の私はアナログなタイプで、カピバラやウミウシに似ていると言われたこともあるほどのマイペース人間。この本の時系列を追ってみても、いかにものろのろとした歩みですが、本を書きながら、これが自分らしさなんだなと再確認できました。

子どもの頃は物質的な環境にいた私も、星の道を歩いているうちに、小さな気づきを重ねて意識が変わり、少しずつ成長してきました。そんな私の物語がこれから星やスピリチュアルな世界を探求するみなさんが自分の物語を紡ぐときの参考になるように願うとともに、ある時代の記録としてもおもしろいかもしれないと思っています。「占星術とスピリチュアルの名を借りたドキュメンタリーだと思います」と言うと編集者の高木さんには笑われましたが、外には出していないエピソードも多く、昔からの読者の方にもきっと楽しんでいただけるはずです。

この本はまた占星術だけでなく、ご先祖のこと、過去生のこと、波動の世界とさまざまな切り口から書いているのも特徴です。「どこから登っても、富士山は富士山」だというのは私がよく使う表現ですが、自分自身の真実はとても高い山のようなもので、なかなか全体像が見えない。でも、富士吉田から登ったり、富士宮から登ったりすると、さまざまな富士山があるように、先祖から見たり、過去生から見たりするとそのたびに違う自分が見えてくるものです。神聖幾何学のようなものですね。そんなふうに、あっちから見ても、こっちから見ても、結局は、富士山は富士山、自分は自分。真実がひとつであるならば、どの道から見てもぼんやりとでも本当の自分が照らし出される。そんな本になるといいなあと思ったのです。外側にばかり答えを求めず、自分の内側を探求することは、生きていくうえで力になる。それを読者の方にも知っていただきたかったのでした。

思いがけず、占いの世界で仕事をするようになって、いつも私が思うのは、占いをする側は、カリスマである必要はないということ。星を読む者は、星の神さまのメッセンジャーに過ぎないのですから。「かけっこが早い」「数学が得意」というのと何ら変わらない、得意なことを生かしているだけなのです。だから、みなさんも、占い師やサイキックを信じすぎないでほしいと思います。彼らも幸せになりたい普通の人たちに過ぎません（変わった人たちではあると思いますが）。自分のことを一番よく知っているのは自分です。目を背けずに自分を見つめれば、初めは何も見えなくても、きっと笑い返してくれるようになります。

自分ではない別の誰かをカリスマに見立て、助けてほしいと依存するのはとても危険なこと。それよりも、自分の中の太陽としっかりつながり、その太陽がホロスコープのほかの星たちも照らしてくれると、自分をきちんと信じられるようになります。すると、失敗したところで、またやり直すこともできるので、失敗を恐れないようになるのです。同時に星を読み、未来をコントロールするよりも、軽やかに星の流れに乗れる人になることが大切だと思っています。もちろん、惑星のトランジットはもちろん、エイジングやストレス、環境的要因など、さまざまな事情で波に乗れないときもありますが、そんなときはこの本をバイブルに、自然の中に、プロフェッショナルに、どうかヘルプを求めてくださいね。

ひとりひとりが自分とつながり、霊的なバックグラウンドを知り、月や星のリズムに乗って、やりたいことを自由にできるようになる。つまり、白い魔女になる。そして、他者に依存したり、コントロールしたりせず、好きなことをして生きる。それこそがこれからの風の時代の生き方だと思いますし、そんな世界が来たらいいなあという願いを込めて。同時に、過去となりつつある土の時代を無理に断ち切るのではなく、自分の道のりを理解し、抱きしめたうえで前を向きたいですね。

最後になりますが、こんな変わった本を世に出してくださるという編集者の高木利幸さんに感謝を捧げたいと思います。商業出版に長く関わっている身としては、本当に出してもらえるのかなとまだ半信半疑ですが、「ハリー・ポッター」の映画に出てきそうな、魔法学校の先生のようなたたずまいそのままに、私からするすると書きたいことを引き出してくださいました。また、素敵な表紙を描いてくださったアーティストの及川キーダさん。『ＥＬＬＥ（エル）』の連載でも長い間パートナーとなってくださった、Ｓａｙａにとっては守護天使のような存在です。さらに、『ＥＬＬＥ（エル）』のクリスマス特集で、長年、天使の写真を提供してくださった写真家の仁木岳彦さんに解説を書いていただく幸運にも恵まれました。みずがめ座のドラゴンヘッド、サビアンシンボルではラヴバードの片割れとして私を見守ってくれる夫の存在、励ましてくださる読者のみなさま、すばらしいセラピーを提供してくださった方たち……私の人生に愛をもって接してくださったすべてのみなさまに感謝の気持ちでいっぱいです。

そして、この本の推敲を重ねるにつれ、忘れていたことも走馬灯のように思い出され、そのときは敵のように思ってしまった人でも一種のソウルメイトとして私の人生に気づきをもたらし、また私を本来の軌道に戻すために働いてくれていたのだと実感できました。一冊の本にはとても書ききれない出会いや経験のひとつひとつが今の自分を作ってくれていること。人生の瞬間、瞬間の星屑のようなきらめきに深い愛情を感じています。どうぞ読者のみなさまもそんなふうに優しい眼差しで自分の人生を見つめ、愛してあげてくださいね。占星術やご先祖さま、魂の世界、そして天使や自然の精霊たち。そんな世界と本当につながり、「わたしの物語を見つける」と癒しが起こるので、ゾンビのように人から愛をもらいたがることはなくなります。この世界には愛が満ちていること、生を受けただけで、宇宙から愛されていることをきっと思い出せるでしょう。この本が自分の周りにすでにある愛に気づくきっかけになることを願ってやみません。

アストロロジー・ライター　Ｓａｙａ

解説

写真家　フランチェスコ仁木岳彦

「スピリチュアル」、もしくは「スピ系」などと略された言葉を、ファッション雑誌やおしゃれなウェブサイトで見つけることも多くなりました。オリーブ女子、ちょいワル親父など、ライフスタイルの文脈で人をカテゴリー分けすることがありますが、近年、いわゆるスピリチュアルなことに興味がある人達も増えてきて市民権を得つつあると思います。

とは言え、スピリチュアル、宗教や祈り、占星術などの精神世界は、あやしいので近づかないほうがよいと遠ざけている方もまだ多いような気がします。確かに、目に見えない不確かな世界、不安に感じることもあるでしょう。そして、玉石混淆、心穏やかでハーモニーにあふれたスピリチュアルもあれば、残念ながら表面だけを取り繕ったあやしく、危ういスピリチュアルもあるのが現実です。

「スピリチュアルか、そうじゃないか」の二択があるのではなくて、スピリチュアルにも無限にたくさんの種類があります。私たちの短い一生では到底学びきれないだろう厚みのある世界を少しずつ知っていくことは、とてもワクワクする営みです。せっかく生まれたのだから、よく見える物質世界と、見えづらい精神世界の「両方の現実」を生きたほうが二倍以上の人生の醍醐味があると感じます。ただ遠ざけるのは、とてももったいないと思いませんか。少なくとも私はそう思っています。

この本の読者なら、とっくにそんなことは織り込み済みだとは思います。私にとってＳａｙａさんとの『ＥＬＬＥ（エル）』のオンラインでのクリスマスの仕事は、そんなことを確認する作業だったのかもしれません。天体配置と宇宙の営みから、何かを読み取るのは簡単ではないはずです。そんな苦労を感じさせないような完成原稿を読ませていただくこともあるのですが、大まかな内容しか知らない段階で、いわば瞑想しながら、写真を選んで編集者に送ることもありました。文章と写真がうまく呼応したときの快感は最高です。

ファッション、ライフスタイル誌なので、物質世界の商業的流行を牽引する役目があるわけですが、その片隅で目には見えない時代精神などに言葉を与え、希望の夢をふくらませるのも、星読みのページの役割なのではないでしょうか。むしろ、時代の息吹きは、私たちのハートや精神にまず届き、その後に物質化するのかもしれません。雑誌などの星占いは、そんな物質界と精神界の狭間の絶妙な立ち位置にあり、その両方の現実世界に目配せしていないと、おしゃれでありながらも、目には見えない大いなるものを感じさせるような素敵なページにはなりません。

Ｓａｙａさんとは、ネット上でのやりとりは何度もありましたが、私が住むイタリアと日本の物理的な距離もあり、実際にお会いしたのは自著の『天使の写真（主婦と生活社）』の前書きの執筆をお願いしたときと、その写真集が刷り上がって手渡しさせていただいたときの二度だけ。占星術オンリーなのかと思いきや、全方向に及ぶ縦横無尽な話から、博覧強記という言葉が浮かびました。根っから好奇心があるのでしょうね。

イエス・キリストの誕生時、星の導きで救世主がお生まれになったと悟り、贈り物を持参して赤子だったイエスを最初に拝んだとされるのが東方の三博士。クリスマスの絵画にも頻繁に登場する彼らは「占星学者たち」と訳されることもあり、星読みができる賢者だったとされています。ある意味、私が抱く占星術の専門家のイメージどおりだったＳａｙａさん。一度目にお会いしたときも、出し惜しみなく話をしてくれたものの、私の知識ではそのすべてを理解できたわけではありません。印象的だったのは、先祖の慰霊と現実世界のつながりなどの話から、日本史の徳川四天王の話をしていたときのこと。「酒井、本多、井伊と、あともうひとつ、なんでしたっけ」と、なぜかＳａｙａさんが言葉を詰まらせました。「榊原じゃないですか」と私が咄嗟に声を出して言うと

「あ、そうそう」と、よく知っていたわねと言う表情を一瞬だけ見せ、話がスムーズにつながっていったのですが、不思議なのはあれだけ知識があるのに、その瞬間、その箇所だけ忘れていたことです。と言うのも、榊原氏が自分のルーツである仁木氏の支流とされると読んだことがあり、偶然知っていただけなのです。必然の偶然でパズルのピースがハマった感じがしました。Ｓａｙａさんがいろいろと話しているように見えて、実は、自分自身や魂を引き出してくれているように感じ、俄然、自分のことも話したいというスイッチが入るのです。

二度目にお会いしたときは、それこそ自分の話をいろいろとしたことを覚えています。私は学生時代に医者も理由がはっきりとわからない病で、数年間、途切れなく身体に痛みがあったのですが、初めてイタリアに旅行に来て一日目で、それが突然に治癒したと言う奇妙な経緯があり、その話をかなり詳細に聞いてくれました。その集中力がすごくて、時計のゼンマイと歯車がカチカチと同期しているような無私な真剣さで、一字一句を聞いてくれていると感じました。さまざまな観点で洞察しつつ、ほかの悩んでいる人の顔なども思い浮かべながら、深いレベルで納得してくれていることが伝わってきました。普段は「へえ、不思議な話もあるもんだね」と言った感じの軽いノリの反応で終わる話なのですが、そのときは「未知の世界をかき分ける同時代の仲間がここにいた」と思えたくらいなのです。

この書籍『星の道を歩き、白い魔女になるまで〜わたしの「物語」を見つけると人は癒される〜』を拝読しながら、まさに本人にお会いしたときのことを思い出しました。文章は、Ｓａｙａさんの体験談や思いである一方で、行間から匂い立つふんわりとした空気に身をゆだねると、人生の主人公である自分自身の話をしたくなるような不思議な感覚に襲われるのです。「そうか、自分もありのままでいいんだな」「思い切って、次に行こう」と勇気づけられるのです。

スピリチュアルにもさまざまな種類がありますが、私が知るＳａｙａさんは、現実を離れてしまうこともなく、人を依存させて囲うようなこともありません。それはあやしいスピリチュアルではないことを見分ける際の、私なりの指標でもあります。そもそも、それどころか、ずっとそこでとどまっているつもりもなく、これからも占星術はもちろんのこと、よりホリスティック（全体論的）に、マイペースで、次の時代も開拓し続けることでしょう。そして、読者である私たちも、しっかりと大地を踏みしめて前進し、時には風を全身で受けとめて自らの翼で羽ばたいていくのです。

２０２０年12月21日　ミラノの自宅にて

Saya（サヤ）

アストロロジー・ライター

1971年、東京生まれ。1994年早稲田大学卒業後、『私の部屋』編集部へ。新聞系、流通系の出版社を経て、2003年、ライフスタイルやインテリアの分野を専門としたフリーランスの取材ライターに。占星術を初め、ユング心理学や精神世界に興味を持っていたことから、スピリチュアル、占星術ジャンルの原稿執筆や編集にも携わる。占星術との出会いは1999年の月食の晩。その後、独学を中心に学びを続け、2008年2月4日、『ELLE（エル）』のオンラインで星占いの連載をスタート。自分で占いもして原稿を書くスタイルで人気を博し、自然と占星術に軸足を置くように。『LEE web』（集英社）、『ヨガジャーナル・オンライン』（インタースペース）でも連載中。

著書に『星を味方につける生き方、暮らし方〜不安な時代に翻弄されずに私を生きる〜』（集英社）、『人生について 星が教えてくれること for Working Girls』（筑摩書房）ほか。

2011年春より沖縄へ移住、2016年春より京都に拠点を置く。現在は京都で夫とふたりで暮らし、晴耕雨読の日々を送る。文筆の傍ら、ホロスコープ・リーディングのセッションはもちろん、蘭のエッセンスやセラピューティック エナジーキネシオロジーのセラピストとしても活動中。

お問い合わせ URL http://sayanote.com

星《ほし》の道《みち》を歩《ある》き、白魔女《しろまじょ》になるまで

～わたしの「物語《ものがたり》」を見《み》つけると人《ひと》は癒《いや》される～

発行日　2021年5月19日　初版発行

著　者　Saya

発行者　酒井文人
発行所　株式会社説話社
〒169-8077 東京都新宿区西早稲田1-1-6

カバーイラスト　及川キーダ
編集担当　高木利幸
デザイン　染谷千秋

印刷・製本　中央精版印刷株式会社

ISBN 978-4-906828-72-2　C 2011